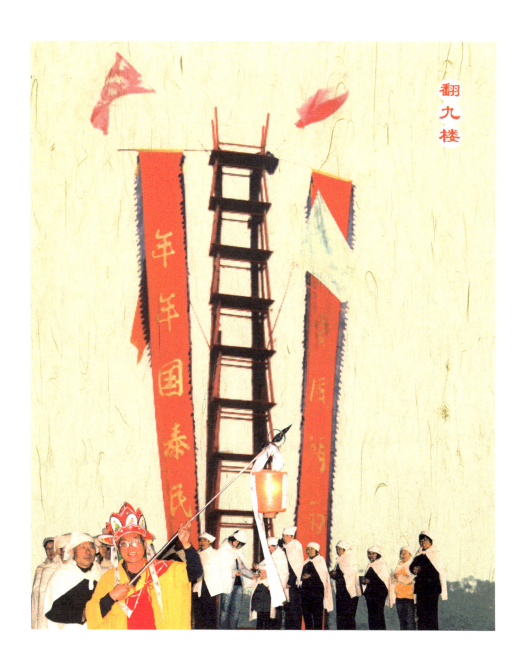

翻九楼

翻九楼

总主编 金兴盛

浙江省非物质文化遗产代表作丛书

浙江摄影出版社

厉小兰 夏雪勤 金阿根

沈璧 龚明伟 编著

浙江省非物质文化遗产代表作
丛书编委会

总 序

中共浙江省委书记
省人大常委会主任 夏宝龙

　　非物质文化遗产是人类历史文明的宝贵记忆，是民族精神文化的显著标识，也是人民群众非凡创造力的重要结晶。保护和传承好非物质文化遗产，对于建设中华民族共同的精神家园、继承和弘扬中华民族优秀传统文化、实现人类文明延续具有重要意义。

　　浙江作为华夏文明发祥地之一，人杰地灵，人文荟萃，创造了悠久璀璨的历史文化，既有珍贵的物质文化遗产，也有同样值得珍视的非物质文化遗产。她们博大精深，丰富多彩，形式多样，蔚为壮观，千百年来薪火相传，生生不息。这些非物质文化遗产是浙江源远流长的优秀历史文化的积淀，是浙江人民引以自豪的宝贵文化财富，彰显了浙江地域文化、精神内涵和道德传统，在中华优秀历史文明中熠熠生辉。

　　人民创造非物质文化遗产，非物质文化遗产属于人民。为传承我们的文化血脉，维护共有的精神家园，造福子孙后代，我们有责任进一步保护好、传承好、弘扬好非物质文化遗产。这不仅是一种文化自觉，是对人民文化创造者的尊重，更是我们必须担当和完成好的历史使命。对我省列入国家级非物质文化遗产保护名录的项目一项一册，编纂"浙江省非物质文化遗产代表作丛书"，就是履行保护传承使命的具体实践，功在当代，惠及后世，有利于群众了解过去，以史为鉴，对优秀传统文化更加自珍、自爱、自觉；有利于我们面向未来，砥砺勇气，以自强不息的精神，加快富民强省的步伐。

党的十七届六中全会指出，要建设优秀传统文化传承体系，维护民族文化基本元素，抓好非物质文化遗产保护传承，共同弘扬中华优秀传统文化，建设中华民族共有的精神家园。这为非物质文化遗产保护工作指明了方向。我们要按照"保护为主、抢救第一、合理利用、传承发展"的方针，继续推动浙江非物质文化遗产保护事业，与社会各方共同努力，传承好、弘扬好我省非物质文化遗产，为增强浙江文化软实力、推动浙江文化大发展大繁荣作出贡献！

（本序是夏宝龙同志任浙江省人民政府省长时所作）

前 言

浙江省文化厅厅长　金兴盛

　　国务院已先后公布了三批国家级非物质文化遗产名录，我省荣获"三连冠"。国家级非物质文化遗产项目，具有重要的历史、文化、科学价值，具有典型性和代表性，是我们民族文化的基因、民族智慧的象征、民族精神的结晶，是历史文化的活化石，也是人类文化创造力的历史见证和人类文化多样性的生动展现。

　　为了保护好我省这些珍贵的文化资源，充分展示其独特的魅力，激发全社会参与"非遗"保护的文化自觉，自2007年始，浙江省文化厅、浙江省财政厅联合组织编撰"浙江省非物质文化遗产代表作丛书"。这套以浙江的国家级非物质文化遗产名录项目为内容的大型丛书，为每个"国遗"项目单独设卷，进行生动而全面的介绍，分期分批编撰出版。这套丛书力求体现知识性、可读性和史料性，兼具学术性。通过这一形式，对我省"国遗"项目进行系统的整理和记录，进行普及和宣传；通过这套丛书，可以对我省入选"国遗"的项目有一个透彻的认识和全面的了解。做好优秀传统文化的宣传推广，为弘扬中华优秀传统文化贡献一份力量，这是我们编撰这套丛书的初衷。

地域的文化差异和历史发展进程中的文化变迁，造就了形形色色、别致多样的非物质文化遗产。譬如穿越时空的水乡社戏，流传不绝的绍剧，声声入情的畲族民歌，活灵活现的平阳木偶戏，奇雄慧黠的永康九狮图，淳朴天然的浦江麦秆剪贴，如玉温润的黄岩翻簧竹雕，情深意长的双林绫绢织造技艺，一唱三叹的四明南词，意境悠远的浙派古琴，唯美清扬的临海词调，轻舞飞扬的青田鱼灯，势如奔雷的余杭滚灯，风情浓郁的畲族三月三，岁月留痕的绍兴石桥营造技艺，等等，这些中华文化符号就在我们身边，可以感知，可以赞美，可以惊叹。这些令人叹为观止的丰厚的文化遗产，经历了漫长的岁月，承载着五千年的历史文明，逐渐沉淀成为中华民族的精神性格和气质中不可替代的文化传统，并且深深地融入中华民族的精神血脉之中，积淀并润泽着当代民众和子孙后代的精神家园。

岁月更迭，物换星移。非物质文化遗产的璀璨绚丽，并不意味着它们会永远存在下去。随着经济全球化趋势的加快，非物质文化遗产的生存环境不断受到威胁，许多非物质文化遗产已经斑驳和脆弱，假如这个传承链在某个环节中断，它们也将随风飘逝。尊重历史，珍爱先人的创造，保护好、继承好、弘扬好人民群众的天才创造，传承和发展祖国的优秀文化传统，在今天显得如此迫切，如此重要，如此有意义。

非物质文化遗产所蕴含着的特有的精神价值、思维方式和创造能力，以一种无形的方式承续着中华文化之魂。浙江共有国家级非物质文化遗产项目187项，成为我国非物质文化遗产体系中不可或缺的重要内容。第一批"国遗"44个项目已全部出书；此次编撰出版的第二批"国遗"85个项目，是对原有工作的一种延续，将于2014年初全部出版；我们已部署第三批"国遗"58个项目的编撰出版工作。这项堪称工程浩大的工作，是我省"非遗"保护事业不断向纵深推进的标识之一，也是我省全面推进"国遗"项目保护的重要举措。出版这套丛书，是延续浙江历史人文脉络、推进文化强省建设的需要，也是建设社会主义核心价值体系的需要。

在浙江省委、省政府的高度重视下，我省坚持依法保护和科学保护，长远规划、分步实施，点面结合、讲求实效。以国家级项目保护为重点，以濒危项目保护为优先，以代表性传承人保护为核心，以文化传承发展为目标，采取有力措施，使非物质文化遗产在全社会得到确认、尊重和弘扬。由政府主导的这项宏伟事业，特别需要社会各界的携手参与，尤其需要学术理论界的关心与指导，上下同心，各方协力，共同担负起保护"非遗"的崇高责任。我省"非遗"事业蓬勃开展，呈现出一派兴旺的景象。

　　"非遗"事业已十年。十年追梦，十年变化，我们从一点一滴做起，一步一个脚印地前行。我省在不断推进"非遗"保护的进程中，守护着历史的光辉。未来十年"非遗"前行路，我们将坚守历史和时代赋予我们的光荣而艰巨的使命，再坚持，再努力，为促进"两富"现代化浙江建设，建设文化强省，续写中华文明的灿烂篇章作出积极贡献！

2013年11月20日

目录

翻九楼源于秦朝孟姜女长城祭夫，即"孟姜女哭长城"这一凄美的民间传说。

翻九楼是道教施仪活动洪楼炼度道场的一部分。传统的洪楼炼度道场需三年才算功德圆满。第一年称"起九楼"，第二年称"温九楼"，到第三年才进入正题——"翻九楼"。整个施仪活动以道场为载体，以道士为主体，与法事相结合。第三年的第四天下午表演翻九楼，其表演的惊险和高难度，观之令人惊叹。

翻九楼主要流传在闽东北及浙江的萧山、绍兴、金华、丽水、温州等地区。由于种种原因，道场原有的许多施仪内容和项目逐渐淡化，唯有翻九楼作为杂技和体育竞技活动而得以保留，但各地举办活动的目的有所不同，如萧山、绍兴地区以超度亡魂为主，而东阳、龙泉等地还有祛凶辟邪、祈求平安等寓意。

改革开放以来，翻九楼活动得以重生。东阳和萧山两地的翻九楼艺人率先重操旧业，登台亮相。两地的文化部门和"非遗"保护单位予以正确引导和鼓励，使翻九楼这一传统文化得以传承和发展。

2006年6月，东阳和萧山两地翻九楼被浙江省人民政府公布为第二批省级非物质文化遗产名录。

2008年6月，由东阳、萧山两地联合申报的"非遗"项目翻九楼由国务院公布为第二批国家级非物质文化遗产名录。

东阳市佐村镇桑梓村陈圣公殿开光典礼中的翻九楼现场

概述

据萧山和东阳等地的挖掘情况分析，『翻九楼』现象得从流传广泛的传说孟姜女哭长城说起。

概述

[壹]翻九楼的渊源

一、翻九楼与"孟姜女哭长城"

据萧山和东阳等地的挖掘情况分析，"翻九楼"现象得从流传广泛的传说"孟姜女哭长城"说起。

相传公元前226年，秦始皇昏庸无道，实行焚书坑儒，奸相赵高弄权，不顾生灵涂炭，大兴土木，东填大海，南修五岭，西造阿房，北筑长城，因此需要大量的民工。他们为达目的，把读书人全抓去修长城，其中有一个名叫万喜良的书生也被抓了去。因为当时条件所限，修建长城全靠人拉肩扛，文弱的万喜良受不了如此繁重的体力劳动，趁官兵不注意时逃了出来。为躲避官兵追赶，他跳进了一户人家的后院。这家有女名孟姜，此时正好在后院洗澡，赤裸的身体被万喜良撞见。按当时的风俗，孟姜只能嫁给第一眼看见自己身体的男人为妻。因万喜良远离家乡，无处栖身，如今又因躲避追捕，且俗有"择日不如撞日"的习俗，只好当天就圆房。哪知"天下没有不透风的墙"，没过几天，万喜良就被追寻的官兵抓了回去。

入冬，日夜思念丈夫的孟姜女听说北方天寒地冻，善良的她怕冻坏了万喜良,赶紧在家纺纱织布,制作衣服,然后千里迢迢去北方寻找丈夫。当她历经千辛万苦终于到了修长城的地方,才得知丈夫万喜良已死于非命,不由得号啕大哭。谁知她哭一阵长城倒塌一段,再哭一阵,又倒塌一截。

负责修长城的监工非常害怕,赶紧启奏秦始皇。秦始皇听说后大怒,亲自带领御林军骑上高头大马前来,正欲杀孟姜女,但看到满脸泪水的孟姜女犹如梨花带雨,顿起怜香惜玉之意,欲招入宫中册封为妃。孟姜女怎肯就范,但知道自己如果不答应必死于刀下,难报丈夫之仇,于是施展缓兵之计,向秦始皇提出三个条件:一要为万喜良披麻戴孝;二要筑起九九八十一层洪楼为万喜良超度;三要追封其夫为王。秦始皇为了讨孟姜女的欢心,答应了她的要求。待洪楼建成,秦始皇披麻戴孝,孟姜女登高哭拜超度,祭拜了二七一十四天。就在她哭得昏天黑地的时候,建造数年、花工数百万的长城轰然倒下,并露出了万喜良的遗体和衣衫。孟姜女从高台上纵身一跃,死于丈夫身旁。秦始王暴跳如雷,命人用铁扫帚扫净孟姜女肉身。传说肉丝流入太湖,变为银鱼。

此后,"孟姜女哭长城"这一传说在中华大地广为传诵。

对孟姜女和万喜良的结合,萧山一带没有详细的说明。而关于万喜良的死因,萧山、绍兴地区则有不同的说法。因为当时在崇山峻岭中修建长城,全靠人拉肩扛,而且每逢刮风下雨就坍塌。造了坍,坍了造，死伤人员很多。有个巫师说只要把姓万的人葬入长城底下，就能抵一万条生命，长城才不至于坍塌。秦始皇听信巫师谗言，便将万喜良杀害，埋于长城底下。

二、翻九楼与秦始皇

说翻九楼和秦始皇有关，可能牵强附会，但流传千年的传说总有几分道理。据萧山、绍兴一带的调查，翻九楼在东南沿海地区特别是萧山、绍兴一带流行，也许就源于秦始皇的东巡。

秦始皇姓嬴名政，秦庄襄王之子，公元前259年正月生于邯郸，十三岁时继承秦国王位。因年少，国事皆决于相国吕不韦。公元前238年，长信侯嫪毐谋反，秦王政发兵征讨，俘嫪毐，车裂以徇，灭其宗。次年，吕不韦被免去相国，归河南，封侯，因恐惧而饮鸩自戕。自此，秦王嬴政亲政，大权独揽，王位巩固。他在短短的十年左右时间里，翦灭六国，结束了几百年间分裂混乱的状态，建立了空前统一、强大的秦王朝，改王为帝，称为"始皇帝"，显示自己至高无上、万事一系的权力。

秦始皇的功过评说争论不断。自从他统一中国后，废除了历来赐国封侯的制度，用郡县制代替封国制，以地缘为本位的地方政权取代了以血缘关系为本位的地方政权；将宁绍萧平原的越国范围改为会稽郡；统一了度量衡、货币和文字，使中国从奴隶社会进入封建社会。但人们对他修建长城和焚书坑儒一直耿耿于怀，被指为独裁、暴君。

秦始皇建立帝业后，为了巩固统治地位，先后五次大规模东巡。最后一次东巡是在公元前210年，由北向南往东至云梦、丹阳、钱唐，过富阳、萧山到绍兴，登会稽山，祭大禹。

秦始皇的行经路线有各种说法。前面一段基本相同，即由左丞相李斯、少子胡亥陪同，乘坐御舟，在公元前211年十月随带一大批宦官、侍卫、嫔妃、宫女，从咸阳浩浩荡荡出发，沿驰道向东南行，到达云梦，遥祭葬在九嶷山（今湖南省宁远县）上的虞舜。而后乘船顺长江东下，经丹阳（今江苏省境内），进入今日的苏南地区。这里在秦时是一片沼泽，他的东巡船队循着内河，经过太湖至浙江湖州，于公元前210年到达海盐。秦始皇想在此渡钱塘江去会稽，因水势汹涌，龙舟转从海盐至余杭（今杭州）宝石山下，用百舟渡钱塘江到南岸固陵渡口（萧山西兴，现为杭州市滨江区）上岸，过北塘后，顺驿道乘马车，经萧山，过诸暨店口到绍兴。

另一说法是秦始皇因见钱塘江浪急水湍，无法渡江，便向西至富阳，然后又向东经萧山境内的浦阳、进化、所前等地进入绍兴。

还有一种说法至今无从考证，即从西兴铁岭关上岸，沿北海塘向东，曾登上萧山城北侧的北干山和瓜沥镇内的航坞山，登高远眺，留下足迹。据说航坞山脚下的岸埠至今还留有拴舟船绳索之石桩。

尽管说法各异，但秦始皇路经萧山无疑，这似乎为翻九楼出处的传说提供了事实依据。

据《绍兴市志》记载，秦始皇渡钱塘江，从正月甲戌到大越（今绍兴市）角舍都亭，停车喂马于若贲山后，登上会稽山，祭大禹，望于南海（实为杭州湾外东海），刻石以颂秦德，令李斯作文并书，名为《会稽刻石》。祭禹后，又巡游了一些地方，到慈溪、海宁等地落实了一些政务，回途时在固陵港城住了一段时间。当时固陵港在湘湖西至白马湖畔马湖村、长河包家湾及傅家岙一带。有一随行的妃子在途中病重，住下来医治无效死亡，便办丧事，出殡安葬。传说办丧事做道场时便有翻九楼的内容，此举为显丧事隆重，也有百姓追思孟姜女哭长城的意思，以此向秦始皇表示抗议。当然，秦始皇不知个中原因，以为道场做得隆重而热闹。妃子葬于湘湖中一座叫"珠山"的小山，墓是从山顶凿井竖葬。自有妃子墓后，珠山更名为"石井山"。此事世代相传，但当初的墓道地址已无法找到。而后秦始皇郁郁寡欢，从钱塘江乘渡入海北至琅玡，行至山东平原津（今山东省平原南）时患了重病，七月丙寅日，至沙丘平台（今河北省东南）时不治身亡，享年五十岁。秦始皇回京时，本想从连山（今杭州市滨江区长河）脚下"置石桥渡浙江（钱塘江）"，终因江面"涛山浪屋……有吞天沃日之势"而未成，只在连山外"石柱数十立于江际"，明代后被钱塘江大潮冲没。

秦始皇东巡会稽，将大越改名为"会稽郡"，并制定管辖范围，除山阴、会稽、宁波等地外，乌程（今湖州）、余杭（今杭州）、黝幼（今安徽徽州、休宁一带）、歙（今安徽歙县）、无湖（今芜湖）、石城（今南京）以南皆为大越即会稽郡管辖。

此后，由于秦始皇东巡，翻九楼也在这一带最先流传。

三、翻九楼与道教文化

道教是中国唯一土生土长的宗教。众所周知，佛教是印度传入的。所谓的唐僧西天取经，就是到印度取经，而基督教是西方国家传教士来华传入的，伊斯兰教则是中东传入的。只有道教起源于我国古代先秦的道家，该教奉老子为教祖和最高天神。

老子是我国古代伟大的思想家和哲学家，他的哲学思想和创立的教派，为我国古代思想文化的发展作出了重要贡献。道教是在东汉晚期逐渐形成，并长期作用于民族文化的心理、风俗习惯、自然科学、创造文明（火药和医药理论都与道教有关）及社会政治、经济生活领域，因此，道教文化是中国传统文化的重要组成部分，对中国社会的影响在很长一个时期是巨大而深远的。

道教以太极阴阳、五行八卦为说，认为人类生存有独立性，主张人类应有处世的智慧、力量和自我修养的能力，强调人和自然的积极作用，要求每个人用心感受周围的事物，热爱生活，享受生活。其中心思想是万物循环、太极长转、生态循环、人类循环，主张行善积德，信奉"善有善报，恶有恶报"的因果关系。认为人鬼转换，重转投胎，今生与前世行为有关。我们所生活的空间分阴阳两个世界，若在阳间作恶多端，就会在阴间受到惩罚，走奈何桥，进血污池，受牛头马面鬼卒的惩罚与折磨。于是有了念经忏悔和拜皇忏做道场超度亡灵的仪式。翻九楼就是一种极为隆重的超度仪式，据说只有这样才能脱离阴间重转投胎阳间做人。

萧山一带做道场一般请道士，道士的打扮与和尚完全不同，所用乐器由民族乐器中的打击乐和吹奏乐等配合，唱的也是地方剧种，场面十分热闹。这道士大多由堕民担任，所谓"堕民"，是犯了错误被贬为最底层的人士，也有不务正业的混混儿，被充军边关。而东阳一带的道士班则由小姓组成。所谓"小姓"，又称"贱民"，也即萧山所说的"堕民"。他们与平民百姓划地而居，有的则散居于凉亭侧屋、庙宇外屋。这些小姓、堕民无田无地无财产，属社会最底层人士，除农耕外，一般从事大姓所不屑的抬轿、吹鼓手、理发、阉猪等下等行业。男人学得一手吹拉弹唱的技艺，为道场吹打成了职业。但孤掌难鸣，于是几个使用不同乐器的吹鼓手便组成了吹打班，为一般人家婚丧嫁娶之事（俗称"红白喜事"）服务。跟随道士日久，熟能生巧，可能又得道士青睐，于是便成为道士，其吹打班也渐成为道士班。从明清以来，由小姓出身的道士或山人在礼仪习俗中扮演着重要的角色，尤其是丧礼中，往往成为整场丧事的总导演，应该是礼俗演变的重要推手。

　　道场分小做和大做两种。"小做"一般是念经拜忏和唱戏。乐器有锣、鼓、钹、二胡、唢呐等；唱的都是地方剧，剧目有《孟姜女》、《曹娥破大门阵》、《龙虎斗》等，现代也有唱越剧的，但内容必须是悲剧。"大做"就是为"五殇"者做道场，乐器中没了二胡或琵琶，而采用先锋（萧山一带称"大号"，俗称"木莲号头"），其声音洪亮，调子悲壮凄凉，施仪内容包括翻九楼表演。因此，翻九楼也是道教文化的一种表现形式，是遵循道教人死可以超度，从阴世间出来重新投胎做人的学说。不做道场，尤其是"五殇"者不做这种大道场，不翻九楼，死人将永远在阴间被关押，绝无投胎做人的机会。

　　道教文化在所有流传地区的另一种表现形式是做阴戏。一般大户人家在超度亡灵的时候，白天翻九楼，晚上做大戏。戏台多搭在家庙里。如为淹死者超度，也有搭在临河处或河上的。上半夜唱《孟姜女》，故有"日翻九楼，夜唱孟姜"之说。下半夜则演鬼戏，通常有黑白无常、男吊女吊等，看了令人毛骨悚然，小孩、女人是不敢看的，鲁迅先生在《社戏》等文章中多处写到这种鬼戏。

　　如前所述，先民利用道教施仪形式翻九楼来表示对秦始皇强征民夫修建长城的不满和对孟姜女的同情。从"孟姜女哭长城"到翻九楼，历代平民百姓所追求的是自由、平安和幸福，反对的是强权暴政，这和道教的阴阳循环、因果报应理念是相辅相成的。

[贰]翻九楼的流布

洪楼（亦称"鸿楼"）炼度道场是一种专为超度"五殇"（东阳说法即吊殇、产殇、刀伤殇、跌殇、枪杀殇等见血而死、死于非命的亡魂）而建的道场。道教讲究阴阳轮回，阳间死一人则有阴间一鬼投胎，所以人死了一定要超度做道场。"洪楼"是指供超度用的高楼，或用四十九张桌子搭起的九层高楼，或用八十一张桌子搭起的十三层高楼，代表亡魂升天过程中的道道难关，翻过这九关或十三关，即可到达天堂，俗称"翻九楼"。

萧绍平原（从宁波、绍兴至萧山的西兴一带，也称"宁绍平原"）江河密布，河流纵横，人们以水上交通为主，因此不断造成水上事故，溺水死亡便排"五殇"之首；其次是"火"，旧时草房甚多，容易发生火灾；再次是"刀"，即氏族纷争，兵戎相见，互相伤害；自缢者称"吊死鬼"，位其四；妇女生产自古就有"过鬼门关"的说法，因科学技术不发达，医疗卫生条件差，产妇一旦难产往往命悬一线，难产也就在"五殇"之列了。所以，萧山翻九楼超度的"五殇"是因水、火、刀、自缢、分娩而暴死者。

东阳、龙泉、泰顺等地属于山区或半山区，在那毒热山洪、榛莽丛生、虎狼出没和生产力极为低下的恶劣环境中，人们日出而作，日落而息，年复一年，饱经沧桑，但是并不能为社会提供更多的物质财富，他们在大自然的灾害面前不知所措，力不从心，"青木柴棍当棉袄，野菜葛衣当早稻"就是这些山区或半山区人民的生活写照。穷苦的生活、空虚的灵魂以及对美好生活的追求,使道教的"阴阳轮回,善恶有报"思想在贫困的山区滋长生根,并逐渐形成了自己的特色。

与萧山、绍兴地区一样,东阳、龙泉、泰顺等地的翻九楼也是为超度"五殇"而举办的道场内容之一。所不同的是,东阳、龙泉、泰顺等地属于山区和半山区,需到田地山场辛苦劳作。在生产力不发达的时期,这一地区的先民以"跌殇"为首,其次为部族纠纷械斗之"刀殇",余下为种种原因所产生的"产殇"、"吊殇"和暴亡。为安抚亡魂,人们开始寻求神灵的帮助,通过布置一些道教仪式使人与神进行对话沟通,将百姓的痛苦和无奈告知天上的神灵,以期帮助苦难的百姓渡过难关,改变他们悲惨的命运。民间认为,只要人们能够只身翻上用桌子搭建的高楼顶端,离天就越近,老天爷就能更清楚地听到凡人的祈求,便能帮逝世的人超度亡魂。于是,翻九楼便开始在这些地方流传。

按规矩,洪楼道场每至一地,必须连演三年九楼戏才算功德圆满。第一年称"起九楼",除做规定的法事之外,通常只演一夜戏,民间故事《毛头花姐》为必演剧目;第二年称"温九楼",除做法事外,一般演两日三夜戏;到第三年才进入正题——翻九楼。按传统,第三年相继演三日四夜九楼戏,共七本。这七本是演卖花姑娘死后的鬼魂与书生赵贵清相爱的故事《逝女殇》,书生桑孟益孝顺父母却中不得高魁的《孝子殇》等，第四天下午是翻九楼，最后一夜子时以后上演《孟姜女》。

　　由于种种原因，道场原有的许多施仪内容和项目逐渐淡化，唯有翻九楼作为民间杂技和体育竞技活动得以保留。翻九楼这一传统形式在各地叫法不一，如浙南的龙泉、泰顺等地称之为"吊九楼"，东阳、萧山一带称之为"翻九楼"。演出道具各不相同。如九龙柱，有用两根大杉木的，有用四根大毛竹的，也有不用九龙柱的。腾翻用的九楼桌，许多地方用八仙桌，但东阳还使用长方桌。演出服装各地也有所不同，龙泉、泰顺一带的法师们包红头巾，穿对襟土布衫，腰围红色布裙，赤脚绑腿。东阳的主念道士（也称"法师"，俗称"山人"）头戴纯阳帽，身穿八卦袍；九楼仙师头包红布巾，身穿扎袖口的便服和红色灯笼裤，腰间系着一条红色的腰带，脚穿草鞋。各地举办活动的目的也有所不同，如萧山以超度亡魂为主，而东阳、龙泉等地除此以外，还有祛凶辟邪、祈求平安等寓意及庙宇开光、接龙求雨等需求。

　　同时，九楼也有大小高低之分。大九楼用四十九张桌子搭成九层或

1994年农历九月十一，东阳市虎鹿镇蔡宅兴龙庙开光，其中有翻九楼

翻九楼区域分布图

用八十一张桌子搭成十二层呈金字塔状的九楼台，表演者（东阳称之为"九楼先师"）从左右两边逐层腾翻而上。据调查，大九楼在浙江基本上已经失传，只剩腾翻小九楼这一传统形式。小九楼呈‖形，也有九层和十三层之分。

由于历史的原因，作为道教施仪形式内容之一的翻九楼历经坎坷，几经起落。据调查，目前翻九楼主要分布在浙江杭州的萧山，绍兴的嵊州、上虞、诸暨，金华的东阳、磐安、永康，丽水的龙泉和温州的泰顺、文成及平阳等少数县（市、区）的个别村庄，而从事翻九楼的人员也屈指可数。

民俗意义

民间就以翻九楼的形式超度亡灵，使其脱离地狱之灾。翻九楼还要使亡灵破地狱、走仙桥、登极乐世界，重新投胎阳间。此道场须做法事，故其中摆设相当讲究。

民俗意义

[壹]以道场为载体

翻九楼是在超度亡灵做道场时进行表演的。凡是横死暴死的人，如妇女难产、水中淹死、从悬崖及桥梁上跌死，或因故悬梁自尽、得暴病吐血而死、受刀枪致死、火中烧死等不正常死亡，到阴间要被打入十八层地狱，由牛头马面鬼卒将其碾成肉末变成苍蝇、蠓、虫，因此民间就以翻九楼的形式超度亡灵，使其脱离地狱之灾。翻九楼还要使亡灵破地狱、走仙桥、登极乐世界，重新投胎阳间。此道场须做法事，故其中摆设相当讲究。

萧山一带的祭祀仪式一般有三个内容。

鸿楼表会榜

首先，举行恭请圣神的仪式。布置"鸿楼表会榜"、"阴灵得度高超快乐之乡，阳上和平永享康泰之福"、"开坛、礼忏、闻音、受度"、"十殿阎王图"等烘托氛围，点长明油灯。表演者头戴道士帽，身穿道士袍，引幡诵经，召集三界符官，邀请天宫、地界、阴间的各路神灵，祈求保佑翻九楼能顺利进行。

第二，设供桌一张，上置亡者牌位，摆三牲福礼，即猪肋条一刀三至五斤，鸡一只，鱼一条，豆制品等素菜六样，水果四样，装在大小盆盘中，按规矩摆放。再加煮熟的四十九只青壳鸭蛋（如没有鸭蛋也可由鸡蛋代替）。点上香烛，表演者（道士）手持牛角号（即龙角）和旗幡，口念经语，念一段，道士和亡者儿子（或孙子，必须是

十殿阎王图

十殿阎王图

长明油灯塔

召引各路神灵

供桌

亡者亲属持龙头香祭请八方神灵

亡者亲属在表演者施仪下进行祭拜

男子）拜揖一会，三跪三拜后，亲属与道士对拜，算是敬请神灵到位就餐。八方神灵到位吃喝时，必须进行两项内容特别的技艺表演。一是用一只鸡蛋竖立在桌面上，预测翻九楼能否顺利进行。如果鸡蛋顺顺利利竖立起来，意味着本次翻九楼不会出现意外事故，一定能顺利完成。当然，这种竖鸡蛋对于表演者来说是小菜一碟，肯定能竖立起来。二是把米装在一只杯子里，米中插上三根筷子，把一只锡制的装着酒水的壶挂到筷子上。这是一个难度很大的技艺表演，表演者口中念念有词，念的是符咒中的咒语。在挂的过程中，要一边念咒语，一边小心翼翼地挂。一次次地挂，并一直念咒语。顺利时一次两次便能挂上，不顺利时要五次十次反复地挂，不断地念，直到挂上为止。挂上后仅仅一会儿，就迅速取

道士打扮的翻九楼表演者施行祭祀仪式

下酒壶，用壶里的酒水敬神，向神灵拜揖。其实，这两个动作是给表演者以心理安慰。这番祭祀完成后，向各界神灵烧上银锭元宝（为锡箔纸制品，拟作冥币）以表谢意。

　　第三个内容为穿樽。用做酒或蒸年糕粉的木樽，木樽中间有一

穿樽表演

小圆洞，表演者要三次穿越樽中的洞，难度可想而知，很像马戏团的动物或警犬训练时穿越火圈的动作。木樽放在一张窄窄的长凳上，旁人扶住樽，表演者手执旗幡，口中念念有词，然后紧缩全身，在一瞬间用力一蹦，从樽中圆洞里穿越而过，在地上连翻几个跟斗，摇动旗幡，这样连续三次，绝不能碰擦樽外壳或内壁，更不能让樽倒地。穿樽也是为了祈求神灵保佑。

　　连续三次穿樽通过，预示着这次翻九楼表演一定能获得成功。

在表演者引领下，死者家属去表演场地

这三个内容，一是为祈求神灵保佑而必需的表演序曲，二是在翻九楼之前必须完成的三部曲，三是表演给围观群众看，四是表演者的热身运动。

穿樽表演结束后，翻九楼的表演者仍然一身武生打扮，显得英姿勃勃。此时他身倚牛角，手持引幡，引领诸路神仙前去观看他的翻九楼表演。而死者亲属则手捧亡者灵牌（俗称"牌位"或"木主"），灵牌上遮着阳伞，跟随着表演者来到表演场地，并在九楼正南方的空地上安置供桌。

金华地区翻九楼前的祭祀仪式和道场布置与萧山一带全然不同。现以金华市磐安县仁川忏孤魂道场布置为例。

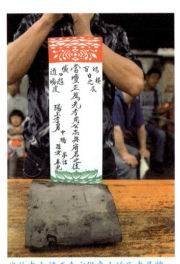
安放在九楼正南方供桌上的死者灵牌

道坛一般设在斋主大房子的厅堂内，后堂内壁上挂灵宝天尊、元始天尊、道德天尊三清圣像，两旁对联是："蒙山乘白鹤；贤谷驾青牛。"像前设有供品条几。

后堂右侧设有九天云橱，供奉监视斋大法师之位，两边挂有对联"橱中五味清似水；盆上一粒重如山"，前设云橱一张。

后堂两侧偏挂有十殿阎王。阎王在中国民间影响很大，传说是阴间的国王，人死后都要到阴间去报到，接受阎王的审判。生前行善者，可升天堂，享富贵；生前作恶者，要下地狱，受惩罚。中国道教中又有"十殿阎罗"之说。十殿阎罗是十个主管地狱的阎王的总称，这一说法始于唐末。十殿分别是：

第一殿，秦广王蒋，二月初一日诞辰，专司人间夭寿生死，统管幽冥吉凶、善人寿终、接引超升。功过两半者，送交第十殿发放，仍投入世间，男转为女，女转为男。恶多善少者，押赴殿右高台，名曰"孽镜台"，令之一望，照见在世之心好坏，随即批解第二殿，发狱受苦。

第二殿，楚江王历，三月初一日诞辰，司掌活大地狱，又名"剥

后堂上挂三清像，像前安放供桌

九天云橱的摆设

衣亭寒冰地狱"，另设十六小狱。凡在阳间伤人肢体、奸盗杀生者，推入此狱，另发入十六小狱受苦，期满转解第三殿，加刑发狱。

第三殿，宋帝王余，二月初八日诞辰，司掌黑绳大地狱，另设十六小狱。凡阳世忤逆尊长，教唆兴讼者，推入此狱，受倒吊、挖眼、刮骨之刑，刑满转解第四殿。

第四殿，五官王吕，二月十八日诞辰，司掌合大地狱，又名"剥戮血池地狱"，另设十六小狱。凡世人抗粮赖租，交易欺诈者，推入此狱，另再判以小狱受苦，满日送解第五殿查核。

第五殿，阎罗天子包，正月初八日诞辰，前本居第一殿，因怜屈死，屡放还阳伸雪，降调此殿。司掌叫唤大地狱，并十六诛心小狱。凡解到此殿者，押赴望乡台，令之闻见世上本家，因罪遭殃各事，随

十殿图之一

即推入此狱，细查曾犯何恶，再发入诛心十六小狱，钩出其心，掷与蛇食，铡其身首（包公即善于用铡刀），受苦满日，另发别殿。

第六殿，卞城王毕，三月初八日诞辰，司掌大叫唤大地狱及枉死城，另设十六小狱。忤逆不孝者，被两小鬼用锯分尸。凡世人怨天尤地，对北溺便涕泣者，发入此狱。查所犯事件，亦要受到铁锥打、火烧舌之刑罚，再发小狱受苦，满日转解第七殿，再查有无别恶。

第七殿，泰山王董，三月廿七日诞辰，司掌热恼地狱，又名"碓磨肉酱地狱"，另设十六小狱。凡阳世取骸合药、离人至戚者，发入此狱，再发小狱。受苦满日，转解第八殿，收狱查治。又，凡盗窃、诬告、敲诈、谋财害命者，均将遭受下油锅之刑罚。

十殿图之二

第八殿，都市王黄，四月初一日诞辰，司掌大热大恼大地狱，又名"恼闷锅地狱"，另设十六小狱。凡在世不孝，使父母翁姑愁闷烦恼者，掷入此狱。再交各小狱加刑，受尽痛苦，解交第十殿，改头换面，永为畜类。

第九殿，平等王陆，四月初八日诞辰，司掌丰都城铁网阿鼻地狱，另设十六小狱。凡阳世杀人放火、斩绞正法者，解到本殿，用空心铜桩，链其手足相抱，扇火焚烧，烫烬心肝，随发阿鼻地狱受刑。直到被害者个个投生，方准提出，解交第十殿发生六道（天道、人道、地道、阿修罗道、地狱道、畜生道）。

第十殿，转轮王薛，四月十七日诞辰，专司各殿解到鬼魂，分别善恶，核定等级，发四大部州投生。男女寿夭，富贵贫贱，逐名详细开载，每月汇知第一殿注册。凡有作孽极恶之鬼，着令更变卵胎湿化，朝生暮死，罪满之后，再复人生，投胎蛮夷之地。凡发往投生者，先令押交孟婆神，酻忘台下，灌饮迷汤，使忘前生之事。

后堂门口挂有马、赵、温、岳四将画像。

马将军（左）、赵元帅（右）画像

后堂设镇武道堂，两边挂有对联"叁拾陆修成道德；柒拾贰化为龟蛇"。后堂中为道场，道场上书"磧巇礴磲"横批，两边挂有对联"五色云中狮子座；三清境上凤凰台"。

中堂门口上书"龙楼凤阁"，下有"启建宣忏幽生孤魂集福醮坛"，两边挂有"忏三载孤魂了酬心疑口祈九重之圣造法鸿恩"字样，中设天地桌一张。

中堂门口左侧设有天师府堂，两边书有"麒麟殿上神仙宅；龙虎山中道德家"。

中堂两边竖有子孙竹，竹上挂有灯笼和旗幡，左幡书"供奉护水童郎之神位"，右幡书"供奉入灯童子之神位"，两边堆放了许多彩斗和元宝。

前堂坐南朝北用三张八仙桌（下二上一）叠起三仙符官台，上边设三把椅子，椅子上分别贴着"上界天仙"、"中界云仙"、"下界地仙"，桌上摆烛台一

张天师画像及供桌、彩斗

三仙符官台上道士摇动振铃，口念经文，两个九楼仙师侍立两旁

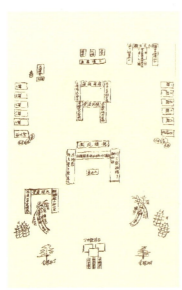

磐安县仁川忏孤魂道场平面图

对，香炉一只，供水果四盘，并放置各种码张。三仙符官台为坛桌，前有桌帷，上摆各种法器及科仪书。门口两边各立金树、银树一棵。

洪楼炼度道场包括水炼和火炼，是令亡魂仙化的过程。全道场包括演出，至少需二十名道士三日四夜才能演毕。

[贰]以道士为主体

洪楼炼度道场需三日四夜，二十名道士（山人）参加演出，而且道士基本上均要念、唱、做、翻。道场分为法事、演戏和翻九楼三个部分，故道场中有戏，戏中有道场，道士即演员，演员即道士，两者融为一体，相辅相成，长期并存。整个超度道场仪式是由道士班包揽的。《孟姜女》作为它的组成部分之一，其表演者自然也就由道士班承担了。正因为如此，群众有时称他们是道士班，这是前者以仪式称，后者则以演戏称之。道士们在仪式坛上以主念、副念或高功、都讲、监斋、侍经、侍香、侍灯分职务；在演出《孟姜女》时则以生、旦、净、末、丑分角色。由于道士均属男性，此剧是演给神看的，故剧中孟姜等女角皆由男性饰演。

在翻九楼表演中，有主念道士（又称"法师"）、副念道士、山人（东阳方言念nín，又称"九楼仙师"）、副手、符官和吹打班等不同分工的道士。

[叁]与法事相结合

第一天白天布置坛面，晚饭后正式举行道场法事。先由乐队奏"五场头"（头场、花二场、请寿、夺魁、调财神），均为吹打乐，伴有弦乐。奏毕，做两堂法事：一为行香开坛。高功道士登场唱道："龙虎威严官将勇散花结，雷霆号令鬼神钦满座筵。大道师真前供养，师真演教散天尊三称。"唱毕，宣诵道法。焚香奉请马、赵、温、岳四大元帅及部下吏兵、甲子圣众光临瑶坛，证名功德。持水钟宝剑至东、南、西、北、中五方律令解结，曰："若有不顺吾道者，剑下寸斩碎微尘。"救水净坛，焚香奉请上圣、日宫月府、三官四圣、历代祖师、后土高皇、城隍社庙、灶君土地等降临瑶坛，并召请三界冥冥真宰、十方杳杳群生当斋受度。行香开坛毕，回察祖师，稽首皈依无极大道。所用科仪本为《行香开坛科》。二为拜路头宝忏，言"五方各有路头经，路头经里路头清。善男信女虔诚拜，路是康庄无险行"；又云"在生不念路头经，难免黄泉路上愁。好把经文多讽诵，西方乐国任君游"。所用科仪本为《太上慈悲广设路头忏法卷》上、中、下三卷。

第二天上午共四堂法事：一为照告安位。奏过"五场头"后，在灵位前举行。其做法主要是主念道士手执朝笏领道众至灵位前唱诵《照告安位科》，劝说亡魂安心归去，早登仙界。其间唱白相间，一如戏曲。二为返魂。指到"五殇"者死地或墓葬，把亡魂召回家中并安置到事先摆设好的灵位上接受超度。去时不动鼓乐，返回时则鼓乐大作。由斋主子孙捧香引路，凡至田坎或桥

道士将亡者的游魂召回，安置在轿中，抬至道场，以享超度

头，均得铺上草席，由扎红布的小道士翻一两个筋斗以示亡魂已过路桥。三为拜水忏。主念、副念道士面对三清神像轮流礼拜，并诵念《太上慈悲道场三元灭罪水忏法卷》上、中、下三卷。斋主及亡人家眷随之跪拜，直至念毕。除开头唱"三官赞"动以鼓乐外，其余用木鱼、响盏伴奏。旨在祈求天官赐福，地官赦罪，水官解厄。四为拜释罪宝忏。主要是诵念《太上慈悲冤孽释罪宝忏》上、中、下三卷，祈求消灾灭罪，驱凶纳吉。其做法与拜水忏相仿。

中午行十献科仪。其做法是：坛桌上摆排凳一张，上放脸盆一只，内盛水，放竹管两支。另放十只盆，内各放花岩一个。主念道士先念"香水偈"及"十献诀"。念毕，开始唱"十献"，共十段，每唱一段，到坛桌前将盛放花岩的小盆搁在两支竹管上，然后将花岩取

三仙符官台上摆放供品和超度文书，道士摇动振铃，口念经文

出,点燃后又放回盆内燃烧,并拨动小盆,使之打转。如此来回十次,最后谢神。前六段唱绍兴乱弹"三五七",后四段唱调腔。仪式毕,斋主要送"好看钱"(即红包)给道士班。

下午奏过"齐锣鼓"后,做以下三堂法事:一为召魂沐浴。意谓将亡魂召到坛上,经过沐浴,除其阴气、尸秽,最后炼成仙体。二为拜血湖忏。血湖忏全称为"太乙救苦天尊说拔度血湖宝忏",言"做产死及诸血死之众必坠血湖之狱。唯志心朝礼三清圣众,虔诚礼拜血湖宝忏,太乙救苦天尊即放九色祥光,遍照诸狱,赦宥罪魂,普施一切产厄并血湖罪魂,脱离苦海,得睹阳光,往生乐国"。三为拜佛过仙桥。搭仙桥一座,亡人的长子手捧亡人牌位,主念道士执大旌,带领长子及众人走过仙桥。

晚上,敲过头场并唱一出小戏之后,共做三堂法事:一为破地狱。设东方风雷地狱、南方火翳地狱、西方金刚地狱、北方寒冰地

道士敲响扁鼓,口念经文,为亡魂超度

狱、中方刀山地狱等五狱。高功道士率道众及亡人子孙一一破之。若是"花破地狱",则需加演《目连救母》戏文一出。所谓"花",指化装演出之意。二为散花解结。牌前放置水果、茶食等供品,上撒有各色剪花。主念道士面对牌位唱念"散花解结科仪",唱腔为绍兴乱弹"三五七"及调腔。旨在为亡灵解冤释结,早登道岸。三为叹骷髅。坛面与"散花解结"同,主念道士面对牌位唱念"叹骷髅",先唱庄子扇坟戏田氏的故事,继叹世间万物皆空,末云:"四景已过,散花已周,解结已完,骷髅叹尽,将亡灵送往天堂。"

第三天上午共三堂法事:一为做功课。早餐前,道士班诵念净口、净身等神咒及玉皇、青华宝诰等。二为大发符。召请三界符官传递牒文,奉请三界神圣降临坛所。内中颇多咒语。三为拜十王忏。主要是诵念《大十王忏》上卷或《九幽忏》一至四卷。

中午行午斋仪。下午敲过斋头鼓后,做两堂法事:一为出生行道。备小幡一对,小水

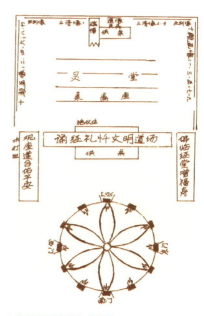

亡魂诵经礼忏道场平面图

高功道士边演唱《目连救母》，边率亡者亲属"破地狱"

桶一只，内放活鲤鱼一条。先随主念道士敲锣击鼓到土地（地谷）神庙祭祀，后到村旁江河或池塘将活鲤鱼放生，并将码张等焚化，以示亡魂超生。二为拜十王忏。诵念《大十王忏》中卷或《九幽忏》五至八卷。

晚上除插演小戏外，共做三堂法事：一为烧炼图。言亡魂初离幽暗，未脱五浊性识，须经炼度，方得清净。分水炼、火炼。水炼，以天河之水荡瑕疵；火炼，以丹天之火除阴秽，合称"水火炼度"，亦称"太极炼度"。二为拜十王忏。诵念《大十王忏》下卷或《九幽忏》九至十卷。三为赐食。焚香召请一切无主孤魂、穷魂来临法会，受甘

赐食。召请亡魂来临法会，受甘露斛食，享天府妙膳。修成正果，超升仙界

露之斛食，享天府之妙膳，悔过省非，三皈九戒，还形复性，黄华炼质，黑簿除名，修成正果，超升仙界。

第四天上午仅一堂法事，名"大进表"。先是虔诚恭请三界高真降临筵上，谨备名香、宝烛、斋馐、币财以伸供养，伏望高真俯垂歆献；继是申发祈恩颁赦文疏，对三界万灵座下披宣，伏乞超度万类；最后是"亡魂蒙赦宥，幽爽尽出离"，道场完满成功。

表演技艺

九楼有大小高低之分，各地搭建九楼的材料不同，腾翻九楼的形式和目的也有所差异。但有一点是共同的，那就是腾翻九楼表演的惊险、高难，观之使人不得不为之惊叹。

表演技艺

　　长期以来，浙江民间凡建洪楼超度道场，最后一天的下午必有翻九楼之举，当夜则演《孟姜女》。演《孟姜女》总是与翻九楼相衔接，故有"日翻九楼，夜演孟姜"之说。

　　"九楼"系俗称，道士班内则称"洪楼"。如前所述，九楼有大小高低之分，各地搭建九楼的材料不同，腾翻九楼的形式和目的也有所差异。但有一点是共同的，那就是腾翻九楼表演的惊险与高难度，观之使人不得不为之惊叹。

[壹]大九楼的腾翻技艺

　　大九楼分九层、十三层两种。九层者用四十九张桌子叠成：底层九张一字横排开，以后每上一层减少一张至第九层为一张，四条桌腿朝上，后再吊上一张，桌腿朝下，与朝上的四条桌腿一一相对。下三层用八仙桌，四至九层则用普通的板桌，每桌四腿都用粗草纸垫底以防滑。以上共四十六张，加三张叠成两层，与九楼相连做"竖画角"仪式用。十三层者则用八十一张桌子叠成，叠法与九层同。只是第十二层的桌腿朝上，第十三层的桌腿朝下，一仰一覆，一一相对。

　　大九楼今已无人能够施行，但尚有腾翻达九楼仪式相传。20世纪末，浙江省戏剧研究所徐宏图教授对宁波、绍兴地区和金华、丽水的孟姜戏和翻九楼现象进行了多年、详细的调查并记录。征得他本人同意，现将宁波、绍兴地区大九楼的表演摘录如下：

翻楼前，道士们均穿上红色道袍，以木鱼、响铃为节，口诵"安土忏"及"金光咒"，手提神剑，围绕九楼疾步行走三圈，以示驱赶一切恶鬼。然后，主念道士登上第二层桌子做"竖画角"仪式。画角为木制，状如牛角，测平衡用。其仪式是：先在第三层桌子上摆三牲福礼，主念道士在第二层诵念"赞大筵科"（又名"请圣"），奉请三界众圣到坛相助，然后把画角的上端倒竖在事先放置在第三层桌上的小汤碗底的正中，让画角的底部朝上，并在底部两个倒八字形的小孔上插上两根筷子，再将两把各装半壶酒的酒壶分别挂在两根筷子上，使其保持平衡，然后再向桌面拍打三下，看画角是否倒下，如不倒就算成功了；如倒下，则再念"赞大筵科"并重新竖画角，直至不倒为止。成功之后，主念道士举起双手，表示翻楼开始。同时，他跳下地，将酒壶交给斋主，由斋主把壶内的酒沿九楼四周洒一圈，然后跪在地上三拜九楼，"竖画角"仪式毕。显然，这一仪式乃是测试九楼是否平衡之意。接着，开始翻楼。翻者两人，均为专攻此道的特技人员。他们上身穿紧身小袖口的武打衣，下身穿红色半长裤，头扎红布。两人在地下做过左右开弓的动作后，即分别飞步从两边跳上第一层，然后以倒竖蜻蜓式再从两边倒翻至第二层。此刻，有一位壮士跳上第一层并扶住第二层桌档以保护安全，俗称"压操"。接着，仍以倒竖蜻蜓式继续上翻，压操者亦尾随之，直至顶层。若是九层者，则一人先在第九层朝天的四条桌腿上表演"金鸡独立"、"倒竖蜻蜓"、"太公钓鱼"等杂技，另一人压住桌档，以防翘起。待下面又吊上一张桌子，使其桌腿朝下，与原先朝天摆的那张桌子桌腿对桌腿相叠，使之一仰一覆时，两人才同时跳上桌面，表演刀劈四门、手纺棉纱等动作。若是十三层者，则两人同时从两边倒翻至顶层，先在桌面上表演倒竖蜻蜓，然后一人做仰天睡觉状，另一人在他的腹部、手掌、脚掌等处表演倒竖蜻蜓。接着，躺着的那人起身在另一人的头顶表演倒竖蜻蜓，后又从头顶滑至肩脚上，仍做倒竖蜻蜓状。接着，两人同时表演梳头、照镜、纺棉纱、搓鞋线、纳鞋底、裹小脚、钓鱼等动作。演毕，一人先下翻至第十二层，坐停，双手拉住上一层的左右桌档，另一人则仆倒在顶层的桌面下，头、脚均翘起，表演旋转推磨的动作，起身后又表演倒竖蜻蜓、刀劈四门等。这时，压操者递上一份超度亡灵的疏文，请立在顶层的翻楼者宣读。读毕，当场焚化。两人同时下翻至地面。道士领度亡魂人回圣坛。继唱小戏一出，下午的法事告毕。翻九楼的当晚，道士班开荤，照例吃十碗荤菜。前半夜演《忠孝传》、《金玉缘)、《龙凤呈祥》等吉利戏，下半夜演《孟姜女》。

[贰]小九楼的腾翻技艺

现萧山、东阳、龙泉等地表演的基本上是翻小九楼。小九楼呈

▎形，也有九层和十三层之分。如前所述，翻九楼这一传统形式在各地叫法不一，演出的服装和道具也各不相同。如浙南的龙泉、泰顺等地称之为"吊九楼"。各地搭建九楼台的材料也不同，如九龙柱，有用两根大杉木的，有用四根大毛竹的，也有不用九龙柱的。腾翻用的九楼桌，许多地方用八仙桌，但东阳使用的是课桌一样的桌。现介绍东阳地区翻九楼的表演程序和技艺。

经过前几天的道场和法事，第四天下午开始翻九楼。翻九楼仪式庄严、隆重而又惊险、刺激，因此过程也较为繁杂。完整的翻九楼仪式要经过祭台、符官净场、请神、请圣、宣读文书、翻九楼、超度、抛赠、对课、台顶表演、符官打耗、召神魂等十多个环节。

1. 祭台。

切安排妥当，仪式开始。先锋号声阵阵，锣鼓喧天，土忿道士

斋主将准备好的大红公鸡用刀抹杀，向土地爷买地搭建九楼

点燃香烛，面朝东、西、南、北、上、下六方分别参拜，以迎接三界十方神灵，然后吹响第一次龙角。主办东家将准备好的大红公鸡用刀抹杀，而后倒拎公鸡逆时针方向朝九楼台四周奔跑，直至鸡血淋完为止。此谓"淋鸡血"，意为向土地爷买地搭建九楼台举办本次翻九楼活动，并祈求平安。

2. 符官净场。

主念道士一念完，两个头戴红头巾，身穿红裤子，脚穿草编的蒲鞋，腰间用一根红色的腰带环绕三圈的九楼仙师便迅速而又威武地出场了。他们一人手拿桃木宝剑，另一人手拿九龙鞭，小跑到九楼台前，绕着九楼台飞速地奔跑，圈子越跑越大，后一个挥舞宝剑，一个甩响神鞭。主念道士随着仙师的奔跑速度，咒语越念越快："魑魅魍魉魑魋魖彪，斩尽妖魔杀尽妖，头来斩头，脚来斩脚，全身来，一刀两断，早去者，重重有赏，落后者，龙鞭古刀。"

与此同时，其中一个仙师紧跟在斋主后面不断挥舞宝剑，甩响九龙鞭，驱杀妖魔

符官净场

鬼怪,同时净场。

祭台完毕,主念道士便双手作揖,三拜九楼台,并将带有两个孔的一支龙角并置倒扑在九楼方桌上的瓷汤碗底上,尖端朝下,孔内插上两根筷子,把两把分量相当的酒壶,分别以壶柄悬挂在筷子上,务必持平稳固,然后在桌上重拍三下,若龙角受震不倒,法师就可以举行翻九楼仪式了;如若不然,则重复施为,直到拍至龙角不倒为止。然后持鞭法师很虔诚地跪在地上用神鞭柄画符。

3. 请神。

仪式开始,在锣鼓声、清道旗的引导下,人们抬着请来的诸地方俗神神轿小心翼翼地跨过仙桥,继而穿过九重门,绕过圣竹,迈

善男信女虔诚地请来当地俗神观看翻九楼

善男信女点燃竹枝烛

过红锅，进入施仪场地。此时，善男信女在场外点燃竹枝烛和信香，朝诸神顶礼膜拜；在阵阵先锋号声中，法师登坛开场请圣，并宣读翻九楼文书，祈求护佑平安：

"龙角三声通天门，请佛神圣速降临，三十六天保太平，九楼顶上见分明；本次九楼，一求国泰民安，二求风调雨顺，三求五谷丰登，四求一统太平。"（下面众人应："万事如意。"）

4. 请圣。

主念道士开始接圣做法事。与此同时，副念道士费力地吹响了龙角。他拿出仙帚，一边左右挥动着，一边口中念念有词："第一

主念道士念经咒召请各方神圣降临道场

龙角又一次大声吹响，主念道士继续念经

声，上开天门，天门重重开。奉请玉皇大帝、太上老君、菩萨天尊、日宫月府、三界十圣、历代祖师、后土高皇、城隍社庙、灶君土地，千请千降，万请万灵，是日是夜今时，迎请千里焚香，相奉请，飞云快马速降临。"

　　随之，副念道士龙角再次吹响。主念道士继续念道："第二声，中开五岳，神门向向开。东岳开，南岳开，西岳开，北岳开，中岳开。东岳开泰山，南岳开衡山，西岳开华山，北岳开恒山，中岳开嵩山。五方开出五岳山。无极大帝昆仑山，玄天上帝武当山，胡公大帝方岩山，钱氏夫人鸡鸣山，观音大士普陀山，朱二相公九宋勒方诸山。岩洞太祖、住宅龙神、土地灶、龙府君、烟火先官，五方虚空过往一切神氏，千请千降，万请万灵，是日是夜今时，迎请千里焚香，相奉请，飞云快马速降临。"

副念道士接着继续吹响龙角。主念道士继续念道："第三声，下开水府龙宫，龙宫重重开。东海开，南海开，西海开，北海开，中海开。东海龙王开东海，南海龙王开南海，西海龙王开西海，北海龙王开北海，中海龙王开中海，五湖四海开。龙潭、江河、淮河、溪沅、潭河之神，潭豆土地开未开，华堂香礼，是日是夜今时，迎请千里焚香，相奉请。飞云快马速降临。"

副念道士又一次大声吹响龙角。主念道士继续念道："第四声，迎请三仙四值符官速降临。上界照应符伎，中界云仙云应符伎，下界地仙瑞应符伎，通奏三仙四值符官，上界符官值今年，中界符官值今月，下界符官值今日，四值符官值今时。不遥不远，未请便临，听意当尝，伏维降临，是日是夜今时，迎请千里焚香，相奉请，飞云快马速降临。"

龙角继续吹响，主念道士继续念道："第五声，迎接十界大王，五界真人速速降临，奉请东方青帝；十界大王五界真神，奉请南方赤帝；十界大王五界真神，奉请西方白帝；十界大王五界真神，奉请北方玄帝；十界大王五界真神，奉请中央黄帝。十界大王五界真神，

九楼仙师整理好行头，准备腾翻九楼

十方真宰，龙来鞍驻，马来鞍驻。今日今时，迎请千里焚香，相奉请。飞云快马速降临。"

在主念道士念经唱咒时，两位九楼仙师开始整理行头，准备腾翻九楼。

5.宣读文书。

九楼仙师登场以后，主念道士接着诵读翻楼文书："爰有一洒天下，南瞻部洲，入意东晨旦，浙江省金华府东阳县某某乡某某都某某保，为首丁名某某某，头首某某某，香家某某某，既领合保善男信女奉佛修斋，集福十方真宰，设立洪楼一台，祈求法力洪恩庇佑，香花迎香花请：太上三清上帝，十极十华高真昊天金厥玉皇大帝、星辰紫微大帝、南极长生大帝、西极安天上帝、中极天皇大帝、三元三老真君、勒赐伏魔大帝、天扈列班大帝、普陀山观世音菩萨、日宫太阳星君、月宫太阴星君、南斗六司星君、北斗七元

九楼仙师诵护身咒

星君、六十甲子星君、二十八宿星君、七十二宫辰星君、十一大跃星君、上清九跃星君、三台华盖星君、消灾解厄星君、大运小运星君、各人当生本命星君、迴天河汉星君、西天诸佛菩萨、尽上界朝六真宰，五湖四海列位龙王菩萨：东方阿闪佛、大明佛、大光佛、日月灯光佛，南方炽盛佛、神通光佛、救世佛、至圣真佛，西方阿弥陀佛、无量寿佛、无量光佛、大悲圣佛，佛力保佑合村子民身体康宁，五谷丰登，一倍出籽，万倍全收，畈畈成熟，处处成林，养猪者日长千斤夜大万斤，养牛者骑似龙虎奔似快马，养鸡者放出满门堂关起满鸡窝，早娶者龙凤之妻，早生者麒麟贵子，读书者文星高照，一深二

字，金榜题名……（吉祥话即可）前来炳签万福同盟上通天庭下通地府。"

主念道士念毕文书，祝告并焚烧。道士吹打班吹响先锋，敲锣打鼓，准备翻九楼。

6. 翻九楼。

九楼仙师整理好着装后，主念道士开始登坛开场请圣，宣读翻九楼文书，祈求护佑平安。九楼仙师并非道士，一般跟随道士做道场副手，以翻楼为生。他们艺高胆大，但是翻楼动作难度大，危险性较高，所以翻九楼前要签订生死合同，同时还要诚心祷告，为自己诵护身咒，以确保安全。

翻九楼时，一般是两名仙师同时进行，自下而上翻两遍。

翻九楼第一遍正式开始时，一阵急遽的锣鼓声响起，两名仙师依次从九楼桌中间翻跟斗攀缘而上。翻完第一张时，他们先做一个穿樽的动作，即头

九楼仙师翻到第四张桌子时要祈祷平安

从桌子一端迅速地穿到另一端。如果顺利穿过的话，表示本次翻九楼有一个好的开头，这一次翻九楼仪式能够顺利进行。

翻到第四张桌子时，先上的那个九楼仙师要停下，仰头对天大声喊道："祖师爷，太上老君在此，百无禁忌。"

喊完后又开始翻第五张桌子。双双向上翻跟斗，依次攀翻而上，往上翻到第十二层时，两人抓住第十三层方桌的桌档，由外倒立翻至第十三层，一直翻到顶层为止。

7. 对课。

翻到顶层，稍喘一口气，下面的副念道士吹响龙角，九楼仙师

道士正在与楼上法师对课

与下面的主念道士开始对课。道士问："一声龙角，你为什么没来，在干什么？"仙师答："一声龙角，天上学法。"道士问："二声龙角，你为什么没来，在干什么？"仙师答："二声龙角，成兵养马。"道士问："三声龙角，你为什么没来，在干什么？"仙师答："三声龙角，操练人马。"道士问："四声龙角，你为什么没来，在干什么？"仙师答："四声龙角，畚谷养马。"道士问："五声龙角，你为什么没来，在干什么？"仙师答："五声龙角，路上停顿。"道士问："六声龙角，你为什么没来，在干什么？"仙师答："六声龙角，喝酒吃肉。"道士问："七声龙角，你为什么没来，在干什么？"仙师答："七声龙角，迎

先锋阵阵，主念道士宣读超度文书

接神仙。"道士问："八声龙角，你为什么没来，在干什么？"仙师答：

"八声龙角，天涯海角。"道士问："九声龙角，你为什么没来，在干

什么？"仙师答："九声龙角，十洲山岛，蓬莱仙岛，迎接各位大仙，

前来庆贺华堂。"

道士与仙师对课的时候，都有他们各自的音调。

8. 宣读文书。

对课结束后，副念道士又大声吹响龙角，并将祭告或超度文书

和线香缚在原先系好的麻绳上。楼顶上的九楼仙师将文书和线香

从第一层的桌子上拉到楼顶，点燃线香，朝四方各拜三拜；另外一个

仙师展开文书。主念道士用
香朝西方祭拜，然后对天大
声朗读文书。九楼台顶上的两
个仙师凝神静听。主念道士
念道："今天是公元某年某月
某日，祈求南无本师释迦牟尼
佛、南无毗卢遮那佛、南无卢
舍那佛、南无东方净琉璃世
界药师佛、南无西方极乐世
界阿弥陀佛、南无迦叶佛、南
无弥勒佛、南无日光遍照菩

台顶仙师点燃线香，向四方朝拜

萨、南无月光遍照菩萨、南无药师海会佛菩萨、南无大慈大悲观世音菩萨、南无大喜大舍大势至菩萨、南无清净大海众菩萨、南无大行普贤菩萨、南无解救苦难地藏王菩萨、法身佛毗卢遮那佛、南方欢喜世界宝相佛、北方莲花世界不空成就佛、南无大智文殊师利菩萨、南无莲池海会佛菩萨、南无阿难陀尊者、南无善财童子菩萨、南无龙女菩萨,佛祖保佑:四季发财、长命百岁、财源广进、金玉满堂、生意兴隆、岁岁平安、恭喜发财、和气生财、心想事成、吉祥如意、国泰民安、招财进宝、一帆风顺、步步高升、出入平安、郎才女貌、天作之合、心心相印、永结同心、相亲相爱、百年好合、永浴爱河、佳偶天成、百年琴瑟、百年偕老、花好月圆、福禄鸳鸯、天缘巧合、美满良缘、夫唱妇随、珠联璧合、凤凰于飞、美满家庭、琴瑟和鸣、相敬如宾、同德同心、宜室宜家、鸾凤和鸣、白头偕老、情投意

九楼顶上童子倒拜观音

合、花开并蒂、美满良缘。"

道士读完文书之后，便小心翼翼地点燃香火，将文书当众烧成灰烬。

9. 台顶表演。

道士读完文书之后，祭坛上又吹响了阵阵先锋号角，惊心动魄、难度极高的台顶表演开始了。只见一位仙师仰天躺下，另一位仙师双手紧捏最上面那张四脚朝上桌子的横档，头顶住下面仙师的肚子，一个倒立，双脚朝天，又开、并拢，重复几次。下面那个仙师也伸开双脚，又开、并拢。此动作名曰"金鸡双倒立"。

接着，倒立的仙师蹲下，用双脚钩住桌子另一边的横档，在仰躺仙师的保护下，表演童子拜观音、老鹰扑天飞、向上磨豆腐、倒挂紫金钟、钓鱼和摇花等高难度动作；接着，上面那个仙

九楼顶上金鸡双倒立

九楼仙师站在九龙柱顶上挥舞流星锤　　　九楼仙师站在九龙柱顶上表演舞钢叉

师双脚站到两根九楼柱顶上，下面的仙师坐起，将事先放在顶上的钢叉递给上面的仙师。上面的仙师舞动几下钢叉，就开始用左右臂滚动钢叉，时快时慢，左右交替，只见钢叉在空中滚动，铿锵有声。接着，表演者两脚各撑住一只桌腿，双手执画角顶端，灵活地滚动着钢叉，之后将速度放慢至停下，并将钢叉递给下面坐着保护的仙师，接过递上来的流星锤，在顶端一边跳跃着一边双手挥舞着流星锤。时而头顶朝下，双脚朝上做倒挂金钟状；时而张开双臂像一只翩翩飞舞的蜻蜓；时而在九龙索上进行溜索（溜五张）；尤其当一只脚撑住第三只桌脚，即为"钓鱼"，待四只桌腿都"钓"遍了，钓鱼才告完成。这些动作惊险又刺激，扣人心弦，在底下观看的人们不时为他们揪了一把心。每当他们顺利完成这些

扣人心弦的溜索

动作时，人们便情不自禁地拍手叫绝，发出阵阵掌声和喝彩声。

楼顶端一系列高难度动作结束后，两名仙师便开始沿着桌子一层一层地翻下来。

10. 抛赠。

第一遍翻九楼结束，道士吹打班开始慢吹细打。九楼仙师大约休息十分钟后再进行第二次翻九楼。第二次翻九楼开始时，一阵紧

抛赠四方

九楼仙师第二遍翻九楼

开扇和抛赠之物品

锣密鼓响起后，一名仙师还是按照第一遍翻楼的过程从九楼的第一张桌子沿着桌子依次往上翻，一直翻到顶楼。而另一名仙师第二次翻九楼时，则抓着绳索，踏着仙索上到顶端。虽然他们的表演形式不同，但是几乎同时到达九楼顶端。

到了顶端后，两名仙师一边打开纸扇，一边嘴念咒语："东方甲乙木，火德星君李大仙，手拿铁塔保大命。南方丙丁火，火德星君火灵神，手拿红砖保大命。西方庚星金，金德神君金箍金棒保大命。北方艮龟水，水德神君水灵神，天犬摇摇保大命。中方戊己土，温留张赵保大命。"

念毕，副念道士又大声吹响龙角，并将善男信女们放置在一楼桌子上的信物缚在麻绳上。楼顶上的九楼仙师将这些信物从第一层的桌子上拉到楼顶，并将每一样信物逐一打开翻看，口念善男信女之姓名及愿望，以示让天神视听，而后收起。待全部打开翻看后，又用绳子缚好并放下来。九楼仙师们把放在顶端的糖类、果类、许愿类等物品抛赠四方。

接着，仙师开始往下翻，直到安全翻到地面上，第二次翻九楼过程才算结束。

11. 符官打耗。

第二次翻九楼过程结束后，副念道士和符官再次来到九楼台前，他们先整理好自己的着装。符官戴着红色面具，裹着红头袱，身

九楼结束召符官

符官肩背蓑衣，一手拿五颜六色的仙帚和神鞭，一手摇振铃，准备打水耗（水怪）

穿红色衣服和裤子，脚穿手编的草鞋。他来到场地中央，拿出锄头、蓑衣、斗笠（含鱼）、豆腐、仙帚、振铃等道具，便开始作法。

道士喊："九楼符官仙师！"符官答（或者唱）："得令。"

符官回答结束后，肩背蓑衣，一手拿着用五颜六色的纸制作而成的仙帚和神鞭，一手摇着振铃，来到了符官场地上。

符官一边摇着振铃，一边唱道："天上下来，南京北京，浙江浙闽，广东广西，湖南湖北，云南四川，江西福建，河南安徽，山东山西，新疆江苏，界内界外，天州府、衢州府、金华府、东阳县、居城门外、卢宅街、歌山林头，乘船到岭下、前庄鸟岩下、下陶岭口、尖山茶坊庙、张村楼下宅、岭下施瓜山、白牛畈石桥、西营下楼。"

道士喊道："好，好，你既来了，叫你答我几答。"

符官回答："好，我答。"

道士问："符官仙师，今天叫你到此地来，你要开开金口，晓得哦？"

符官答（或者唱）："要开金口，你要羊头猪头？"

道士问："符官仙师，你今天从哪里来，你的爸妈叫什么名字，来干什么？"

符官答（或者唱）："我从天上来，爹爹姓张名家子，母亲陈氏老安人，三胎生下三弟兄，人人骂我败家子，丢到黑水中流，顺水流去三千七百里，三兄弟三路分，大哥腾云入上界，脚踏圣帝玉皇前，玉皇圣旨来封承，封来上界天仙符官。二哥脚踏祥云

召符官

五岳圣帝前，五岳圣帝来封承，封来中界云仙符官。三弟脚踏祥云五海龙王圣帝前，龙王圣帝来封承，封来下界水仙符官。上界哥哥值今年，中界哥哥值今月，下界弟弟值今日，四值功朝值今时。"

道士问："符官仙师，今天到此地要开东南路西海，只可河水开进塘，不可塘水开出河。"

符官答（或者唱）："开东南路西海，只可河水开进塘，不可塘水开出河。一网网到东海，碰到东海老龙王，龙王跟前讨福禄，五谷丰登享太平。"

道士问："符官仙师，你今天读过什么书？"

符官答（唱）道："我读过四书五经、论语四经。"

道士问："符官仙师，那你背给我听听？"

符官答（唱）道：

"读过的。读过《论语》、《孟子》、《大学》和《中庸》，也读过《诗经》、《尚书》、《礼记》、《周易》和《春秋》。

"《论语》中子曰：君子食无求饱，居无求安，敏于事而慎于言，就有道而正焉，可谓好学也已。吾十有五而志于学，三十而立，四十而不惑，五十而知天命，六十而耳顺，七十而从心所欲不逾矩。士志于道，而耻恶衣恶食者，未足与议也。

"《大学》之道，在明德，在亲民，在止于至善。知止而后有定，定而后能静，静而后能安，安而后能虑，虑而后能得。物有本末，事有终始。知所先后，则近道矣。

"古之欲明德于天下者，先治其国；欲治其国者，先齐其家；欲齐其家者，先修其身；欲修其身者，先正其心；欲正其心者，先诚其意；欲诚其意者，先致其知；致知在格物。

"物格而后知至，知至而后意诚，意诚而后心正，心正而后身修，身修而后家齐，家齐而后国治，国治而后天下平。自天子以至于庶人，壹是皆以修身为本。其本乱而末治者否矣。其所厚者薄，而其所薄者厚，未之有也！"

从上面道士和九楼仙师的对话中，我们可以清晰地看出，在东阳乃至浙江民间，释、道、儒三教是混合不分的，在许多场合都融合在一起。可以通俗地理解为：道义强调做人要接触事物，而后要去了解事物；而了解事物要心意坦诚，只有心意坦诚才能心术端正；用正确的态度去了解和认识事物，从中辨明是非，才能达到修身之目的；如果大家都这样做了，那么就达到了齐心协力、家道和谐的目的；只有全社会和谐团结，万众一心，才能国富民强，长治久安。

接着，道士问："符官仙师，那你二十四个节气懂不懂？"

符官答（唱）道："懂的。正月立春、雨水，二月惊蛰、春分，三月清明、谷雨，四月小满、立夏，五月夏至、芒种，六月小暑、大暑，七月处暑、立秋，八月秋分、白露，九月霜降、寒露，十月小雪、立冬，十一月冬至、大雪，十二月大寒、小寒。

道士问："符官仙师，你现在可以打耗了。"

符官听完，拿起打耗道具，便一边打一边唱道："我要天青地白来收起。一收收到来天上，收起热气、冷气、运气、晦气。二收收到来云中，收起狂风、恶暴、雷雨、大风、大雨、冰雹、暴风雨雪、冰冻灾害、沙尘暴、龙卷风、雷暴、大雾。三收收到来半天，收起老鹰、乌鸦、饕餮、浑沌（混沌）、穷奇、梼杌、共工、驩兜、三苗和鲲鲧。半天之耗来收完，回兵转马到山中。山中之耗来收起，山羊、麂鹿、豺狼、虎豹来收起。再收收到田中来，田里的害虫五谷瘟神来收起。回兵出马到村里，村中之耗来收起。天中之耗从天收，地中之耗从地

迅速地将蓑衣扔出去，准确地扔到斗笠上，并取出斗笠中的粽叶（水中的妖魔鬼怪）

灭，天青地白收耗神，五虚六耗收出外，清清洁洁保平安。"

刚刚念完，他便像一匹奔马一样围着场地快速地跑着圈，眼睛不停地东张西望，几圈跑下来他便迅速地将蓑衣扔出去，蓑衣不偏不倚像飞碟一样扔到斗笠上，紧紧压住斗笠，然后他把手神秘地伸到斗笠中，取出斗笠中的粽叶（水中的妖魔鬼怪），将粽叶拿出来给围观的百姓展示，告知水耗已经被成功捉住。群众见到这一幕都兴奋地欢呼起来，并热烈地鼓掌。接着，符官便将拿出来的粽叶当众烧掉。

水耗打完以后，符官接着唱道：

符官打天耗

"开东南路西海。东海开,南海开,西海开,北海开,中海开。东海龙王开东海,南海龙王开南海,西海龙王开西海,北海龙王开北海,中海龙王开中海,五湖四海开。龙潭、江河、淮河、溪沅、潭河之神,潭豆土地开未开,华堂香礼,是日是夜今时,迎请千里焚香,相奉请,飞云快马速降临。

"上界符官迎入上界,脚踏金殿关玉皇前;中界符官迎入中界,脚踏五岳圣帝前;下界符官迎入下界,脚踏水府龙宫前。四值符官迎年小,何为方岩通值符,上是方岩上,下是符官飞桥下。上界符官值今年,中界符官值今月,下界符官值今日,四值符官值今时。来到本保某庙开大光开大光。开大光明召十方,吃过酒昏昏又昏昏,齐作夜到天师脚下眠,眠得宝橙床,盖得龙凤被,两块金砖垫床头,四块良砖镇踏床。

"上界符官原是溪圹洲住,中界符官原是新陈洲住,下界符官原是卡洲住,四值符官丁名面前讨利市。

"利市讨过在后,旗名熟,稻名熟。正月立春、雨水,二月惊蛰、春分,三月清明、谷雨,四月立夏、小满,五月芒种、夏至,六月小暑、大暑,七月立秋、处暑,八月十三社姆坑胡相公有灵,四方旗、青道旗、三角旗、毛蚣旗、鹅毛旗。旗名可熟,稻名亦要熟。

"正月立春、雨水,二月惊蛰、春分,三月清明、谷雨,清明也到顶,名叫汝言,今年本保开光做大典,指讨快谷子,扇出来长五十百,称坵八十称千称坵，做招讨二名伯三名伯，新头手老头手，良工先生子曰先生，都要请来用村中，若要发做口酒水去。一发二发灵宝大法在后，上字塔，上大夫孔夫子，化三千七十士，尔小生八九子，佳作仁可知礼也，到头好万年。也礼知可，仁作佳子，九八生尔仕十七千，三化于夫孔人上大，开光以后人人上大。三仙四值符官敬你一杯酒，开金口露良牙，天下巫师不识字，请你符官改过文书，在后西天接佚，好日多同各人召请，接亲身得现在，现在得亲身回抟，土地前送神祇停兵知会，招讨召神魂点光，班良工团耗良工带耗。四值

符官成功地打死水耗、山耗、天耗和地耗

符官快快腾云跳上马,飞云快马。"

祭台上的道士念完,符官便挥起倒装的锄头,他紧握锄头柄,对着空旷的场地,一边腾空跃起,一边大声吆喝着,将锄头重重地敲着地面,这样在场地的四周和中间反复几次,他便成功地打死了斋主所在区域的山耗、天耗和地耗。

四耗打完之后,道士继续念道:

"开光表下开河水。发一声角,相召请提龙,发角起三兵三路,起兵千千万万。带兵万万千千,先师不点何神并何伏,洪楼火表先师请下位,祖师不点何神并何伏。开河引神,先师出表位。"道士在念的时候,符官在圈中做相应的动作表演。

道士接着念道:"符官标台原是蔡府相公,是蔡府相公造标台,四根柱八根梁,四柱八梁按阴阳,标台出处一切都说过;再说标竹头生要千叶万叶生五色,蟠龙根里面黄外面青,先师请来引新神,标竹出处一切都说过;再说标索七七四十九丈长,抡上抡下引新神,标索一切都说过;还有标钻来此戏,标钻天园郎地园郎,开河大标引新神,标钻出处都说过;再说标鸡有来因,标鸡头戴红鸡冠,身穿五色衣,脚踏五方丁子地,一更二更不会啼,四更五更正鸡啼;皇帝万岁听到此鸡啼,身穿龙袍坐龙廷;文武百官听得此鸡啼,手持朝笏上朝廷;十七八岁后生听得此鸡啼,手持锄头肩背犁;廿岁嫂嫂听得此鸡啼,织布纺纱来勿及;和尚道士听得此鸡啼,敲钟敲鼓念阿弥。

"顶名讨利市凑成双：三仙四值符官，举起锄头开出东南西北中五方河水来。河水开到东，家家户户好养蜂；河水开到南，家家户户好养蚕；河水开到西，家家户户好养鸡；河水开到北，家家户户陈肉火腿挂得满板壁；河水开到中，金银财宝，存谷豆麦积整屋；到水里打鱼，打起鱼来整菜篮；到山上打猎，打得野鸡野兔整大串。

"符官挥动青龙鞭，一打天下太平，二打人口平安，三打年辰丰熟，四打国家周全，五打五谷丰登，六打六畜兴旺，七打不会生育者生男育女，八打五虚六耗遣出外保千里，九打乡村人口平安，十打十全九足。三仙四值符官，张开金口露良牙，吃酒时辰有到节恳有来，红日向西山，引领新神进表归殿，祷告急锣新神进表，带神回庙，下马告下马，斋停兵下马。"

12. 召神魂。

送神道士和符官成功打完四耗便开始召神魂，符官口中念念有词，道：

"一行关，请召接本保某庙某伏神魂入像圣魂合形，诚恐远游速降仙境，召接新神入像，金台奏表先师，银台奏表先师，玉台奏表先师，左手持神鸡右手持神旗，神旗神鸡召接新神入像神魄归第一行关。请本境某庙某伏召接神魂入像归圣魂归身，某庙某伏不可远游世境，庙后游戏庙前庄身，听鸣锣鼓角神魂入像，圣魄归身。召接某庙某伏或游上七下八方，岩祖殿听先师召请神魂入像圣魄归身。

打完四耗便开始召神魂

"上来依旨历代传师，引劳符官诚论心香，一心奉请三清大帝，六彻高尊，至尊金阙玉皇大帝，耀天星主北极紫微大帝，太微南极寿星长生大帝，神霄东宫雷祖清华上帝，后土华王地祇维空化宝上帝，九天应元雷声普化天尊，四方伏来云头起行，观音大士水月真人，三元三品三官大帝，日月二宫天子星君，南北二斗星君，上界赵元真宰，中界五岳圣帝，下界水府扶桑大帝，丹轮会会阳谷神祇。新洲上山龙虎山堂主胡公大帝，天兵作法叶献相公吊吐火钱，三相公城头哨旨陈伯，廿二廿五相公历代传教祖师，唐方一师公楼昌，洪师公砖天，九师公施仁，一师公陈耀，二师公王，廿八师公杨，廿四师公蔡，十七师公黄，三九师公孙章，二师公俞山，一师公石贵，一师

符官召神魂归身

公石一石，二师公拜请，正年正月正日正时，三六神功曹一位，行法师公芦山九郎大道法主真人苑山，九郎大道法主真神。二请二教上真神，三清三法主真人，左岩神主梁天尊，右岩神主李道尊，道真德真颂云老君张天真置天王，列地王磐古王，左手定日王，右手定月王，三十三天龙住王，兵头起云张三王，东宫斩着黄太母，西海初七娘子奉请东方青帝青功曹，南方赤帝功曹，西方白帝白功曹，北方黑帝黑功曹，中央黄帝黄功曹，黄主母陈利官接击三个，雷公师三个霹雳，师书荷何法师行章奏牒，师风僧碗炼师碗炼，皂角师大杨放打师，小杨收阴师，红砖红双师周文王孟子骞，接击七十二部一位，行法先师押章官押断官红罗卿斩鬼师。

令牌鼓响，法事收场

"先师劝军敕，祖师劝刑敕，一敕东方甲乙木，木甲伤亡出家门；先师劝军敕，祖师劝刑敕，二敕南方丙丁火，火德星君出家门；先师劝军敕，祖师劝刑敕，三敕西方庚辛金，金神七杀出家门；先师劝军敕，祖师劝刑敕，四敕北方壬癸水，水河神家不留成；先师劝军敕，祖师劝刑敕，五敕中央戊己土，土神官楼上官，土神楼下收份亡，收到上下乡村，时役瘟疫时灾瘟灾一切都收净，清清断断不留存，收到家家户户无故外祸灾患祸患，一切都收到，清清断断，断断清清出家门，收到村中火光盗贼口牙是非官，灾时灾多收到，清清断断出家门，收到天麻豆症王鸡野兔都收到，清清断断，断断清清，清清断断出家门。"

道士摇动振铃，敲响惊堂木；副念道士吹响龙角。至此，整个翻九楼的过程才告结束。

翻九楼有许多禁忌和规定。如翻楼的时辰要请阴阳先生择定；翻楼前一个月斋主家必须净厨，即把厨房内的灶头、水缸、桌凳、菜橱等揩洗干净；全家吃素一个月，一切荤菜不准入内；道士班上门要先贴榜文，并在门口挂天灯两盏；翻楼时，要先将亡人灵位安置在灵轿内抬至九楼前接受超度；翻楼毕，又必须将灵轿移至当晚演出《孟姜女》的戏台对面，并在那里设神案立神牌，继续接受超度。

翻楼者一般不称"道士"，但长期跟随道士班做道场，以翻九楼为生，故称"九楼仙师"。翻楼需有很高的技艺，且很危险，故其收入要比普通道士高得多。从前道士一天为一斗三升米，而翻楼才半天就有六至九斗米。翻楼前，斋主要与翻楼者签订合同，除规定工资数额及支付办法等项目外，还规定一切事故由翻楼者自负，只有跌死了，斋主才出棺木钱。翻楼前，道士班都要为翻楼者诵念一卷"护身咒"以保其安全。万一跌下，则被视作翻楼者自己不诚心造成的。

近年，随着宗教及敬神活动的复兴，这种表演亦再度出现了。1986年夏季，上虞县盖山村一位一百零三岁的老太太亡故，满堂子孙请道士为其做超度道场，其中就有翻九楼之举。1993年农历九月十二日，东阳市虎鹿镇夏岩村回龙庙主神蔡相公开光仪式中亦有此举。

翻九楼后，一般还有不少助兴的民间娱乐节目

13．"日翻九楼，夜演孟姜"（助兴表演）。

有道是"日翻九楼，夜演孟姜"、"台内九楼台外戏"，除请戏班演大戏外，翻九楼结束后往往还会开展一些助兴节目，如扭秧歌、走高跷、大头和及霸王鞭等一些民间表演节目。当然，商家也不会放弃这难得的商机。届时，亲朋相聚，胜似过年。

（1）演孟姜。

孟姜女哭长城的故事最早起源于秦朝，在以后的民间歌谣、说唱、戏曲及器乐中都有表现。据考，最早的一首应当是西汉刘向在其《列女传·贞顺传》中记载的《杞梁妻》，歌诗曰："杞梁战死，其妻收丧。齐庄道吊，避不可挡。哭夫于城，城为之崩。自以无亲，赴淄而毙。"这是西汉人利用歌唱对"孟姜女"整个原型故事的概述。

演员们在化妆

"日翻九楼，夜演孟姜"，翻九楼结束后，一般要演出《孟姜女哭长城》

《孟姜女调》是由明清俗曲演变而来的小调，以后各地又产生不同的"孟姜女"音乐变体。在萧山一直流传着"孟姜女哭长城"民歌《十二月调》和《四季歌》。东阳在浙江有关孟姜女的民歌影响之下，也产生了《十二月经》和《四季歌》。

十二月经

正月里来是新春，家家户户挂红灯，

别人夫妻团圆叙，我家丈夫修长城。

二月里来暖洋洋，双双燕子到南方，

燕窠修得端端正，对对双双绕栋梁。

三月里来是清明，桃红柳绿百草青，

家家坟上压黄纸，孟姜坟上冷清清。

四月里来养蚕忙，姑嫂双双去采桑，

桑篮挂在树枝上，擦把眼泪勒把桑。

五月里来是黄梅，黄梅泼水泪盈腮，

家家田中插秧忙，孟姜田里草成荒。

六月里来热难当，蚊虫飞来叮胸膛，

宁可吸奴千口血，莫叮奴夫万喜良。

七月里来七秋凉，家家门前裁衣裳，

青红蓝布都裁到，孟姜家中是空箱。

八月里来桂花香，鸿雁南下把家还，

闲人只讲闲人话，哪有人来送衣裳。

九月里来九重阳，重阳美酒菊花香，

重阳美酒奴不吃，无夫怎能凑成双。

十月里来稻上场，千家万户收粮忙，

家家都可纳官粮，孟姜家中是空仓。

十一月里雪花飞，孟家出外送寒衣，

前面乌鸦来带路，喜良城下冷凄凄。

十二月里过年忙，杀猪杀羊闹洋洋，

人家夫妻恩情在，孟家在家哭断肠。

四季歌

春季里来百花香，蝴蝶双双过粉墙，

有缘千里来相会，孟姜女巧遇万喜良。

夏季里来熏风吹，孟姜女园里重徘徊，

莲花并蒂成双对，恩爱夫妻两分开。

秋季里来草木枯，落叶飘零鸟归巢，

飞鸟还有巢可归，孟姜女好比落叶飘。

冬季里来雪花飞，孟姜女千里送寒衣，

途中历尽万般苦，同命鸳鸯永别离。

十二月经

$\frac{1}{4}$

三单楼茂姣唱
龚明伟记谱

‖: 1 12 32 3 | 56 653 2 — |

正 月 里 来 是 新 春,

25 532 123 3 | 221 6561 5 — |

家家 户 户 挂 红 灯。

5.6 1 212 3 | 2321 615 6 — |

别 人 夫 妻 团 圆 叙,

62 216 56 1 | 221 656 5 — |

我家 丈 夫 修 长 城。

过门: 62 16 5 656 | 5 — — — :‖

四季歌

$\frac{1}{2}$

三单楼茂姣唱
龚明伟记谱

‖: 332 35 | 16 53 | 2 · 3 — |

春季 里来 日 花 香,

116 12 | 16 53 | 5 — |

蝴蝶 双双 过 粉 墙。

56 1 | 212 3 | 2·3 15 |

有 缘 千 里 来 相

6 — | 62 16 | 56 1 |

会, 孟姜 女 巧 遇

221 656 | 5 — :‖

万 喜 良。

（2）扭秧歌。

秧歌舞又称"扭秧歌"，历史悠久，是中国最具代表性的一种民间舞蹈形式，也是民间广场中独具一格的集体歌舞艺术，因扭秧歌舞姿丰富多彩，深受民众欢迎，因此扭秧歌的场地热闹非凡。秧歌舞具有自己的风格特色，一般由舞队十多人至百人组成，随着鼓声节奏变换各种队形，边舞边走，再加上舞姿丰富多彩，深受广大观众的欢迎。秧歌舞表演起来生动活泼，形式多样，多姿多彩，红火热闹，规模宏大，气氛热烈。因为秧歌内容包含量大，再加上扭秧歌舞蹈动态丰富，使看秧歌的人也心花怒放，豪情倍增，是人们喜闻乐见的艺术形式。

（3）走高跷。

走高跷

高跷，东阳俗称"高脚马"。以数尺结实而轻便的杉木杆制作，上端尺许有脚踏板，演员脚踏板上，以布条扎上端高跷于膝下。高跷技艺性强，形式活泼多样，由于表演者高出一截，观众需要仰起头来或是站在高处观看，所以也有人把高跷称为"踩高跷"。演员多系青年男女，扮演传统剧目角色，亦有少数老者，作为节目指导和辅助人员参加。走高跷是一种群众喜闻乐见的民间文艺活动形式，已列入浙江省非物质文化遗产名录。

（4）大头舞。

翻九楼结束之后，民间舞蹈大头舞便会走街串巷，或在广场表

演。其表演是将纸制大头和尚变形面具套在头上，边走边表演舞蹈，动作机械、诙谐，锣鼓节奏别具一格，充满欢乐气氛。大头舞作为一种民间哑舞，没有语言，没有唱词，纯粹靠变化多端的肢体表演，内容完全凭观众意会。但因其动作风趣，表演夸张，造型滑稽，引得老少皆爱观之，也为翻九楼表演现场增添了欢笑。

东阳市虎鹿镇蔡宅村大头舞在兴龙庙开光仪式上翻九楼后演出

（5）霸王鞭。

霸王鞭又名"铜钱鞭"，是古代和近代民间广大城乡常见的歌舞表演形式。翻九楼结束之后，人们意犹未尽，于是很多地方都会邀请表演队跳霸王鞭舞，将观众的激情推向高潮。霸王鞭舞蹈粗犷豪放，充满激情。霸王鞭为三尺三寸长的棍，中间稍细，两端各钻有两个孔，每个孔再装上几枚铜钱，用红布条缠住棍儿头。霸王鞭舞蹈者表演时，手执霸王鞭的中央，上下左右舞动，铜钱发出清脆的响声，红布条犹如火苗在燃烧。表演者用鞭端轮回磕打身体的肩、胸、膝、背、四肢等，发出清脆悦耳又富有节奏的响声，并由此引发上身

东阳市桑梓陈圣公殿开光翻九楼后，村民以霸王鞭助兴

的扭摆及腿部动作的变化，形成各种舞姿和动作，既有体操柔软、干净、利落、整齐等特点，又有田径弹跳、旋转、奔跑、跳跃的特色。表演者边舞边歌，曲调多为民歌小调，节奏欢快，风格鲜明。

萧山、绍兴一带腾翻九楼主要是为了吊"五殇"，为"五殇"亡者超度亡魂，故其翻九楼的目的和程式与金华、龙泉等地的翻九楼有较大差别。为分清两地翻九楼的差别，现将萧山翻九楼的过程记录如下：

首先，要选择一块平整的空地，既能搭台表演，又能供人观赏。一般选择宗庙前宽阔的场地，或者是死者家房前屋后较大的空地。先将两根毛竹或杉木埋入预先挖好的泥洞里，将洞面夯结实，以免承受重量后支撑的毛竹或木杆松动、歪斜而倒塌。将九张大小一样的结实的八仙桌叠起来，每张桌的桌腿压桌面叠上去，叠完第九张或更多张八仙桌后，最上面还要用两张长方桌脚对脚相叠，即第十张长方桌（行内称之为"叠桌"）必须四脚朝天，然后第十一张长方桌与其四脚相对叠在上面。所叠的九张八仙桌的两只桌腿分别绑扎在固定好的两根木桩上，这种用九张八仙桌叠起来供表演用的台面称为"九楼"。

下面按照翻九楼表演过程的先后顺序一一介绍。

在东家家里或由东家借用的一个足够宽敞的场地里进行祭祀仪式，俗话称之为"请菩萨"，也就是前面"民俗意义"章节中讲到的一些内容。在乐队的伴奏下，表演者以道士的身份诵念"召神科仪"，整篇经文诵念下来需要三四十分钟，目的为了召请各路仙神。接下来悬挂犀牛角（行内称"龙角"），之后，表演者换上武士装束进行穿樽表演。三次穿樽成功后，由表演者执幡引领亡者家属前往搭有九楼台的场地进行翻楼表演。

翻楼表演开始，表演者手持引幡，身带牛角，从下层层往上倒翻上去。翻上去时是逢双层向上翻腾，即先从地面翻到二层桌面，再从二层桌面翻到四层桌面，这样一直翻到顶层为止。每翻一层，要做耕耘之类的模拟动作。钱小占的特技与众不同。别人是抓住桌档翻上去的，脚向天，头朝地，紧抓桌档比较安全，而钱小占是一个跟头翻到上一层桌子上，双手不抓桌档，只是在桌面上轻轻一搭，就如猴子似的双脚钩住上面的桌面，燕子般地飞上一层。用蜻蜓点小的动

翻九楼

作, 一直翻到第九张桌子上面, 站在高台上表演各种高难度动作。他挥动引幡, 用牛角"嘟嘟"吹上一遍, 并不断念咒诵经。这样连做三遍, 谓之"召神", 邀请诸位神灵前来"看戏"。

这时的九楼台上已放好一张长方桌, 即"叠桌"。叠桌与第九张八仙桌桌面对桌面放置, 叠桌四脚朝天。表演者在叠桌的四个脚上依次进行倒立表演。按顶肩、顶头、溜肩、顶腰、倒挂紫金钟的次序在每一个桌脚上进行表演。顶肩是表演者肩顶在一个桌脚上倒立; 顶头是表演者用头顶在一个桌脚上倒立; 溜肩是表演者在做顶头的动作之后突然滑落, 观众以为失手而大惊, 此时再用肩顶在桌脚上继续倒立着完成动作; 顶腰是表演者腰部顶在桌脚上, 稳稳地似在空中仰卧; 倒挂紫金钟则是一个惊险动作, 表演者用脚钩住叠桌的档子, 整个身体悬空倒挂在外, 并表演动作。

以上动作完成后, 紧接着表演者的助手也从第一张八仙桌开始蹭蹭蹭地翻到第九张八仙桌上, 来到四脚朝天的叠桌肚里, 配合表演者继续表演, 完成难度更高的肩顶肩、头顶背、头顶头、头顶肚、头顶腿、溜头、肩顶脚等惊险动作。这些动作都是表演者头朝下、双脚朝天与助手或头或肩顶住完成的, 然后双脚不断地在半空中左右颤动。随着大号"哒嘟嘟——哒嘟嘟"的声响, 双脚在空中不断地左右叉成人字形, 又并拢来激烈地晃动, 做出各种动作, 使台下观众更为他提心吊胆。

肩顶肩：表演者倒立着由肩支撑在助手的肩上，双脚在空中做蹬腿、分腿等动作。

头顶背：表演者倒立着由头支撑在助手的背上，做蹬腿、分腿动作。

头顶头：表演者倒立着与助手头头相对，双脚悬空做各种腿部表演动作。

头顶肚：这个动作俗称"肚皮里翻跟斗"。助手仰卧在叠桌的横档上，表演者倒立，将头支撑在助手的肚子上，双脚不停地在空中做表演动作。

头顶腿和溜头：这个动作与"头顶肚"相似，助手仰卧在叠桌的横档上，表演者倒立，将头支撑在助手的腿上，双脚在空中做表演动作。不同的是，表演者故意将头支撑滑落到肩支撑，这猝不及防的滑落动作，观者以为失误，其实不然，增加了观赏性和惊险程度。

肩顶脚：这个动作是助手仰卧在四脚朝天的叠桌肚里，单脚向上，顶起倒立的表演者的一肩，任表演者进行各种动作的表演。

这些动作表演结束后，在地面人员的帮助下，用绳索吊上第二张叠桌，也就是九楼台的第十一张桌子。这张叠桌桌面朝上，与第一张叠桌脚对脚放置。然后，表演者从两张叠桌的肚里做一个称为"倒挂葫芦"的动作翻到第二张叠桌上面，完成向下磨豆腐、金鸡

顶头表演动作

头顶背表演动作

顶腰表演动作

倒挂紫金钟

金鸡独立

老鹰扑天飞

向下磨豆腐

童子拜观音

独立、老鹰扑天飞，再两个倒立后，做向上磨豆腐、童子拜观音、向下磨豆腐等一系列高难度动作。等再翻回到八仙桌上时，通过绳索放下上面的一张叠桌，结束翻楼表演。

接下来的一个程序是扮老婆婆的表演。在地面上的帮手将雄鸡、菜刀、杆秤放在竹篮里，表演者通过绳索牵引竹篮至九楼台顶上，取出大公鸡，让它停在杆秤上，吹响号角，驱使公鸡"喔喔"啼鸣，意即天已亮了。于是，表演者从九楼台上抛下一根长长的绳索，绳索上缠有各色布条。亡者的亲人们拉着此绳索，围成一个很大的圈子，从九楼右边不断地把绳子拉下，又从九楼左边将绳子拉上，称为"拉绳"。拉绳子的亲属们一边拉一边喊着亡者的称呼，儿子喊

拉绳

扮老婆婆的表演　　　　　　　　　　　　化纸

阿爹，侄子喊阿伯，外甥喊娘舅，喊×××"起来了，走上去！起来了，走上去！起来了，走上去！"，即走上九楼高台，示意亡灵走出地狱之门，登上西天极乐世界，然后阴魂回归家里，一旦有机会，便可重新投胎做人。这纯属道教里的阴阳生死循环之说。这样顺时针拉三圈，再逆时针拉三圈后，表演者喊着亡者的名字收起绳子，拿出黄表纸宣读"×××已被超度"，然后点燃黄表纸，称为"化纸"。

这时各界神仙散去，鞭炮声响起，放下公鸡，在鼓乐声中做妇女起床、穿衣、洗脸、梳妆、缠绕小足、纺纱织布等模拟动作，接着模仿男人起床后磨豆腐。磨豆腐有向下磨豆腐和向上磨豆腐两种。

烧元宝谢土地菩萨

向下磨豆腐是肚子贴着桌面，手扶桌子四角向四周旋转，在"哒嘟哒嘟"的大号声中，越转越快，令观赏者头晕目眩。向上磨豆腐是后背贴着桌面旋转，当越转越快的时候，九楼台随着旋转速度不停摇晃，使观看者心惊肉跳，发出阵阵惊呼。忽然，鼓声、锣声、号声骤然停止，表演者一个鲤鱼打挺从桌面上站起来，又是挥动手中引幡，吹响牛角号，三拜人主牌位。五个倒立动作后，意味着表演者在九楼台上的法事结束，表演者从九楼台上逢单层往下翻落至地面，至此，翻九楼的翻楼表演完成了。而后在地面上拜谢柳七娘先师，烧元宝谢土地菩萨，整个翻九楼表演全部结束。表演者引幡带领亲人们回到主人家的道场上，道士继续做法事。

在完全没有绳索等保险措施的情况下，表演者在九张八仙桌叠起的高台上，再加两张叠桌，与助手合作完成十八种动作，其难度和惊险是可想而知的。

道具与音乐

翻九楼须布置场地，准备祭祀活动和翻楼表演所需用具。

道具与音乐

[壹]道具

翻九楼须布置场地，准备祭祀活动和翻楼表演所需用具。下面按照这三部分内容分别介绍。

一、布置场地

1. 场地选择。

翻九楼的场地要求是根据九楼来定的。其实翻九楼并非一定是由九张桌子叠成，由九张桌子叠成的叫"小九楼"，而由二十一张甚至更多，最多可达四十九张桌子叠成的九楼称"大九楼"。大九楼叠成金字塔状的高台，这种形式一般不用木桩固定，而是靠上小下大的自然形态作为稳定的保障，但大九楼失传已久，目前我们能看到的只有小九楼了。显然，大九楼的场地要更为宽大和平整一些。

通常的翻九楼场地大多选择在人口比较集中且不影响交通的空旷、平坦的地方，如村头的晒谷场、道地，也有在主人房前屋后或农闲时干燥的田畈里，这样既能有较开阔的场所供表演翻九楼，又能让众多的观众欣赏。

2. 搭九楼台。

九楼台搭建也称"起楼"，搭建九楼台时，需要的材料也有一定的讲究，主要材料有九龙柱、九楼桌、九楼索等。先在选好的场地上打两个1米左右深的圆洞，两个洞之间的距离与九楼桌两只桌脚的距离等同，然后把两根九龙柱由多人牵引插入两个洞中，再在每根九龙柱的四周用木桩嵌下敲打结实，再用石块和泥土填实，这样九龙柱就竖好了。之后，便要在最顶端的桌子两侧插上两面旗帜，也有在九楼台两边垂下两幅写有"年年国泰民安、岁岁风调雨顺"之类的直幅标语，至此，这神圣的九楼台才算搭建好。

（1）九龙柱。九龙柱亦称"九楼柱"，通常为两根直而长的杉木，长度15米左右，用于固定搭九楼台的桌子。九龙柱下端按一定的比例埋于泥土中并分头，绝不能因承受力不足而摇动、倾斜或坍塌。在地面上的高度与九楼台高度基本持平，分立于两旁，用于绑扎九楼桌的桌脚，以防止叠高的桌子在表演时剧烈地晃动而倒塌，或者左右摇晃太大而影响表演者施展技艺。

（2）九楼桌。九楼桌即搭九楼台用的桌子，有八仙桌和长方桌两种。

农村人家置放在屋里堂前（厅堂）内的四方桌，俗称"八仙桌"，一般用于祭祀和节日、婚丧宴席用餐，常规尺寸为1米见方。在萧山一带，翻九楼必须使用这种八仙桌。一般向左邻右舍借用，或

挖洞及专用工具

竖起九龙柱

接长九龙柱

固定九龙柱

接好的九龙柱及绳索

竖好的两根九龙柱

用单位食堂使用的形若八仙桌的餐桌，不过，现在大多是从附近寺庙里借的。表演者需要用的八仙桌，至少九张相叠，意即"九楼"，多则十几张甚至更多张八仙桌相叠起来进行表演。而在东阳一带搭九楼台时，只是第一张桌子用八仙桌（以便站九楼仙师），从下往上的第二张桌子便用长方桌了。

长方桌是一种特制形状的木制桌子，形似农家吃饭时用的餐桌，但又略有不同，是专门用来表演翻九楼的。东阳的九楼台除第一张为八仙桌外，其余一般选择高95厘米、宽60厘米、长120厘米的长方桌，共十三张。而萧山的九楼台是在九张或更多张八仙桌之上再放两张长方桌，且两张长方桌以脚对脚相叠放置，表演者可以在长方桌面上展示

老式八仙桌

新式八仙桌

萧山一带使用的长方桌，称为"叠桌"

东阳九楼桌

固定九楼桌

将九楼桌与九龙柱固定牢

各种惊险动作，如像杂技"顶缸"中表演的那样，表演者倒立，双脚朝天，把小桌子顶在脚上，或旋转，或顶桌脚，做出各种令人眼花缭乱、心惊肉跳的动作。

九龙柱竖好后，接下去就把每张桌子紧紧地靠着九龙柱的正面一层一层地往上叠，并用绳子将桌脚与九龙柱缚紧绑好，搭到最上面一张九楼桌时，让它四脚朝上，形成九楼台，以便两名九楼仙师表演系列动作。萧山一带称最上面的长方桌为"叠桌"。之后将两根九楼索在九龙柱的顶端按八字形扎好，并将多余的绳子垂直挂下直至落到地面，以便表演时上提道具用品。

往上吊九楼桌

搭九楼台，不同地方对桌

搭好的九楼台

九楼索

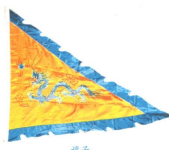

旗子

牛角号

子数量的要求不一样，但是无论在哪里演出，无论采用什么样的桌子，桌子数量都必须是奇数。

（3）九楼索。搭建九楼台时需要两根又长又粗的麻绳，称为"九楼索"。九楼索的长度要根据九楼台的实际高度来确定。

（4）旗子。在九楼台的顶端需要插上两面旗子，旧时为青龙白虎旗。它们分别放置在九楼台顶端的左右两侧，左边插上青龙旗，右边插上白虎旗。现多使用彩旗。

二、祭祀活动用品

1. 牛角号 (行内称"龙角")。

表演者手中执着一种体积较小的号角，一般用水牛角或犀牛角制成。吹起来是单调的呜呜声，表演者吹号时用气的程度决定号声的高低。

表演者吹响牛角号

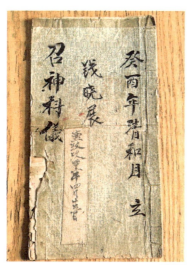

经书《召神科仪》

2. 经书。

表演者表演时吟诵经文的依据。表演者将经文背得滚瓜烂熟，在祭祀和表演过程中均要念诵。表演者若没有此经书就念《大悲咒》。萧山表演者钱小占所用的《召神科仪》，是由师傅沈乾生传给他的。

3. 祭台。

祭台分高台和低台两种，它们摆放在九楼台正面10米处。高台是由三张八仙桌组成，其中两张放在空地上，最后一张则叠在两张八仙桌的上面，高台上要摆放供品；而低台则是在九楼台的对面摆放一张八仙桌，桌上供奉超度亡者的牌位。除此之外，不论高台或低台，在八仙桌上都得摆放一对大红烛、香炉、三茶六酒（三杯

东阳一带的祭台

萧山一带的祭台，俗称"供桌"

茶、六杯酒）、豆腐、大米、金果（干果）、水果、馒头、红果、清水
等供品。

在萧山一带，祭台一般设在室内，即翻九楼东家的厅堂里。选
用八仙桌一张，桌上摆三牲福礼，即猪肋条一刀三至五斤，鸡一只，
鱼一条（也有用活鲤鱼祭请的），豆制品等素菜六样，水果四样，装
在大小盆盘中按规矩摆放，再加煮熟的四十九个青壳鸭蛋（如没有
鸭蛋也可由鸡蛋代替），并画有特定的符号。酒盅九只，分别盛放米
饭、茶水及茶叶各三盏。其中盛放米饭的三盏酒盅中间各插竹筷一
双，共三双。点上一斤重的蜡烛一对和香三炷。另外，在厅堂靠墙处
的另一供桌上恭放超度亡者的牌位。

水果和素菜

猪肋条和鸡

给祭祀用的活鲤鱼灌上黄酒

盛有米饭、茶水和茶叶的酒盅

画有特定符号的青壳鸭蛋

米盘

4. 九重门。

九重门搭在九楼台的右边几米处，出口一定要朝着村口。搭建九重门时要选择十八根枝叶茂盛的竹子，竹子长度为3—4米。第一重门为金台门，先将两根竹子插进泥土里，两根竹子之间的距离为2米，然后将两根竹子的尖端相交并固定、扎好，同时用一块硬纸板写上"金台门"三个字，将它们在竹子相交的地方悬挂好，第一重门便搭建完毕。接着在间隔为1.5—2米处按照同样的方法依次搭建第二重银台门、第三重玉台门、第四重乾坤门、第五重斩邪门、第六重雷电门、第七重龙虎门、第八重八卦门、第九重真一门。当写有九重门各门名称的硬纸板悬挂完毕，九重门就算搭建好了。

九重门在搭建时可以根据具体要求悬挂灯笼，或者在入口处插

九重门

上大幅旗帜、布设彩灯等。

5. **圣竹。**

搭建圣竹所需要的道具较多,主要有:枝叶茂盛、连根连土的新鲜大毛竹及米筛、剪刀、铜镜、尺子、肉、鸡笼(鸡笼中放两只鸡)、过表(即一大一小的两个过表铁圈,大的要求20厘米并固定在竹子上,小的要求5厘米)、30米长的表索一根。

搭建圣竹的道具

圣竹搭建在离仙桥5米处的地方。搭建圣竹时,要将竹子的根深深地插进土里,然后在圣竹的中间位置挂上一个米筛,米筛里面用红布系放剪刀、铜镜、尺子、肉等物品,同时在圣竹5—10米处固定20厘米的过表铁圈,30米长的表索要穿插在20厘米的过表铁圈内,并将三尺文书布绑在表索上。

搭建好的圣竹

仙桥

6. 仙桥。

仙桥放置在九楼台出口处。搭建仙桥需要红布一块，茶叶、豆、米总计一公斤左右，木板一块，长2米，宽为30—50厘米，高为30—50厘米。

物品准备好后，在间邻九重门的地方放一张桌子或者凳子，然后在上面放置一块干净的木板，并在木板上铺红布，红布内还要放茶叶、豆、米、纸条，纸条写上"灵宝仙堂、净道敕令"八个字。这时，仙桥才算布置好了。

施仪场所布置好了之后，整体示意图如下：

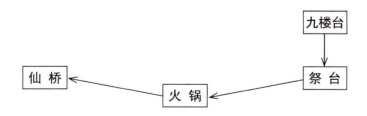

表演者钱小占在祭祀时的道士打扮

翻九楼表演时的武士打扮

三、翻楼表演道具

1. 表演者穿着打扮。

翻九楼表演者在正式表演前举行请圣神仪式，表演者一副道士打扮，头戴道士帽，身穿道袍，手执引幡，口里诵经，召集三界符官，去天宫和地方各处召集神灵祈求保佑。

而在穿樽表演时，表演者全然是一副武士打扮，头上包一块红头巾，身穿黑色的对襟短衫，上绣白色的波浪纹，大红灯笼裤，足蹬麻鞋或球鞋，颇似戏曲中的武生，显得精悍、干练。

东阳的翻九楼法师，又叫"九楼仙师"，一般为两人。他们头上戴着红色头巾，身穿红色长裤，脚穿草编蒲鞋，

准备翻九楼的法师

道士

腰间系着一根红色的腰带，腰带要紧紧缠绕三圈。

道士，又叫"主念"或"山人"。他们头戴纯阳帽，身穿红色八卦袍，是整个活动的策划者和指挥者，主要负责活动的联系、场地的选择、九楼台的安装、施仪活动的指挥、符咒的诵唱和九楼仙师的对白等。

至于助手（副念），就不需要特殊打扮了。表演开始时主要在台上传递工具。

2. 表演时的道具。

（1）樽。农家酿米酒和做年糕时蒸大米的木制用具，为上小下大的圆台体，高度1米左右。表演时表演者从小口穿入，大口穿出。

（2）长凳。农家八仙桌围坐时坐八人，除上首两人坐交椅外，其余六人坐长凳。一般每条长凳坐两人。而作为翻九楼前奏的穿樽，就用这种长凳，宽一点的用一张，窄一点的两张拼在一起。把木樽置放于长凳上，一人用手扶樽，表演者就在这上面做穿樽动作，来回表演穿樽和翻腾三次。

（3）幡。不是出殡时挂在竹梢上在前引路的那种长幡，翻九楼的幡比较短小、轻

樽

长凳

幡

绳索

便，用各种彩纸制作，由表演者手中执着，随着各种动作随意挥舞，作为召神的工具和指挥号令所用。

（4）绳索。有粗、细两根麻绳，一根细麻绳用于从底层向九楼输送竹篮、雄鸡、刀及抛赠物品用。另一根粗麻绳，是东阳翻九楼时供九楼仙师溜索（溜五张）用的；萧山是亲人们在翻九楼表演后，排成圈，双手拉住麻绳，围着九楼前拉动，口中喊"×××走上去"、"×××走上去"，呼喊自己亲人的亡灵走出阴间地狱之门，登上西天极乐世界。

此外，还要公鸡一只，菜刀一把，篮子一只。

[贰]音乐

一、翻九楼的伴奏

翻九楼其实与道士密不可分，哪里有标准的道场班子，哪里就要进行翻九楼。翻九楼表演时的音乐均为现场伴奏，通常是做道场的道士班。据了解，萧山区所前镇缪家村的缪家道士乐队和东阳市大联镇的道士，无论是乐器演奏，还是各种程式，与翻九楼的表演最为配合。另外，还有萧山区浦阳镇的尖山村、谢家村，临浦镇的浦南村，新塘街道的霞江村、姚江岸村的道士班。做道场的道士谓"七人八把椅"，各执乐器，有鼓、锣、钹、号，还有二胡、笛子等。这些乐器有固定人员演奏，而拜忏念经的一般为领班。做道场时通常唱绍剧，有老生、武生、小生、正旦、花旦（男唱女音）、青衣、大花脸、小花脸等，角色固定，分工明确。也有唱越剧的，但选用悲凄的曲调和唱腔。而翻九楼时的乐队没有唱腔，只有伴奏。从祭祀活动开始，乐队就进入伴奏，直到翻九楼表演结束为止。

翻九楼的乐队伴奏，主要的作用是协调表演动作。当表演开始时，鼓声急急敲响，大锣、小锣钹紧紧跟上，制造出一种紧张而急切的氛围。表演至精彩处，大号（东阳称"先锋"）高声奏响，两支或四支大号一起，"哒嘟嘟"的乐声响彻云霄，制造出一种阴沉、凄楚、悲壮、肃穆的气氛。

二、常用乐器、乐队

萧山翻九楼的伴奏乐队常用的乐器与做道场时的乐队使用的乐器基本相同，也是鼓、锣、钹、号、笛子、二胡等。在祭祀时，乐队一般以鼓、锣、钹等打击乐器为主，包括鼓板、人鼓、小鼓（或滴鼓），大锣、小锣（萧山人称"汤锣"，东阳人叫"钛锣"），大钹、小钹（萧山人称"镲"，大钹叫"大镲"，小钹叫"小镲"）。在翻九楼表演时才用上全套乐器，即鼓、锣、钹、号，还有二胡、笛子等。号又包括大号、小号。大号萧山人称"木莲号头"，东阳人称"先锋"。小号萧山人称"梅花"。东阳有两种，稍大一点的叫"大唢呐"、"梨花"（又称"哨头"）；小一点的叫"小唢呐"、"吉子"。大号的使用更要恰到好处，与表演者的配合十分重要，一般在大人物、鬼怪、重大事件时"鸣哈哈"地吹响。

大鼓

小鼓

大锣

小锣（汤锣、钛锣）

大钹（大镲）

小钹（小镲）

金色唢呐（东阳称"梨花"、"哨头"、"大唢呐"）　　银色唢呐（东阳称"吉子"、"小唢呐"）

二胡

长喇叭,萧山称"号头"、"木莲号头",东阳称"先锋"

三、乐谱

乐队一般配有七人,按乐器来说是一人多职多能的。在一场完整的翻九楼表演中,乐队的伴奏可分为户内、户外两种形式。

1. 户内伴奏。

乐队在户内的伴奏也就是在祭祀活动时的伴奏,可分为文场乐队伴奏和武场乐队伴奏。

(1)文场乐队基本伴奏。

4/4　　　× × × ×× ǀ0× 0× × ×ǀ0 × 0 ×ǀ0　× 0 ×‖

　　　　0 0 0 0　ǀ×0 ×0 0 0ǀ× 0 × 0ǀ×× 0 × 0‖

①以上为基本节奏，实际演奏时，节奏还有加花，如：第一小节加花后为ǀ× 　× 　×× ××ǀ。

②在吟唱段落处，牛角吹奏：×－－－ǀ×－－－‖。

（2）武场乐队基本伴奏。

4/4　　0 × 0 ×ǀ0 × 0 ×ǀ0 × 0 ×ǀ0 × 0 0 × ‖

　　　× 0 × 0ǀ× 0 × 0ǀ× 0 × 0ǀ× 0 × × 0 ‖

①以上为基本节奏，实际演奏时，节奏还有加花。

②小锣、鼓板等乐器有时加以 ×× ×× ×× ×× 的密集伴奏。

2．户外伴奏。

乐队在户外的伴奏，也即在翻楼表演时的伴奏，这时的伴奏除了节奏以外，还有曲调。可以分为三个部分，分别是：

（1）乐队基本伴奏。

4/4　‖× × × ×ǀ× × × ×ǀ×. × × ×ǀ× × × ×ǀ× ×× × ×ǀ× ×× × ×ǀ

　　　× ×× ×× ××ǀ× ×× ×× ××ǀ× × × ×ǀ× × × × ‖

4/4　　0 × 0 ×ǀ0 × 0 ×ǀ0 × 0 × ×ǀ0 × 0 ×‖

　　　× 0 × 0ǀ× 0 × 0ǀ× 0 × 0 0ǀ× 0 × ×‖

①以上为基本节奏，实际演奏时，节奏还有加花。

②小锣、鼓板等乐器有时加以 ×× ×× ×× ×× 的密集伴奏。

为翻九楼伴奏的乐队

（2）段落处大号（号头）吹奏。

4/4　　#2 3 - - - | 3 - - - ‖

（3）二胡拉奏曲谱。

1=F4/4

6.1 65 35 32 | 16 12 3 一 | 3.5 35 61 65 | 3.5 26 1 53 | 23 27 61 23 | 76

56 1. 6 | 16 12 3.5 61 | 53 25 3 一 | 35 65 3 一 | 53 56 1 61 | 2. 3 76

56 | 1 一一一 ‖

（以上曲谱均由王强现场录音记谱）

　　东阳的翻九楼本身没有故事情节，所以没有唱腔和故事角色，整个施仪过程很大程度受地域文化的影响，它的音乐以打击乐为主，乐器主要有先锋、唢呐、中鼓、锣、钹等。《锣鼓经》以"大开门"、"火炮锣"、"大过场"等为主。

特征与价值

翻九楼虽为道教施仪的一种形式，但也是一种既娱神也娱人的文化活动。

特征与价值

[壹]表演特征

翻九楼虽为道教施仪的一种形式，但也是一种既娱神也娱人的文化活动。其特点可以归纳如下：

一、道教的教育性

翻九楼表演

鲁迅说："中国文化的根底在道教。"作为中国传统文化的重要组成部分，道教与民间风俗习惯的联系尤为紧密。翻九楼也不例外。

道教是唯一植根于我国、发源于我国古代文化的传统宗教，具有鲜明的民族特点。道教以神仙信仰之说为中心，以长生不死、得道成仙为宗旨，是一种具有强烈的生命意识的宗教。作为传统文化重要的组成部分，道教在长期的发展过程中，与儒学和各种外来的宗教，尤其是佛教相互渗透、相互融合，对我国的政治、经济、哲学、艺术、自然科学以及社会生活等方面产生了深刻的影响。

翻九楼是道教文化活动中的一部分。在翻九楼的过程中，仙师和道士等口中的咒语，都是对周围世界，包括日月星辰、山川河海的理解以及对自己祖先的崇拜，视之为神灵，发展到顶礼膜拜，逐步形成了一个天神、地祇和人鬼的多神的神灵系统。法师或者道士就是神与人之间的中介者，能沟通人神，通过降神、祈雨、占筮、预言、禁咒、医病等手段，成为古代社会不可或缺的职业者。道教吸收和继承了这个多神的神灵系统与沟通神人的巫术、方术、神仙传说有关。如《楚辞》中有神游的故事，《庄子》中的"至人"、"神人"能餐风饮露，逍遥世外，其后燕、齐

翻九楼表演场景

一带出现了迎合上层贵族永享富贵的奢望，鼓吹长生成仙之术的神仙方士，他们利用战国时齐人邹衍的五行阴阳学说解释神仙方术，从而形成了神仙家，即方仙道。

法师的说辞"东方甲乙木，火德星君李大仙，手拿铁塔保大命。南方丙丁火，火德星君火灵神，手拿红砖保大命"等，体现了道教采纳道家以"道"为宇宙本原和最高法则的思想并加以神化，突出了"道"的超越性和神秘性。除此之外，它还吸收了道家清静无为、含德抱一的心性炼养理论，"长生久视"的养生论和神仙思想。尊崇黄帝和老子黄老道家与神仙方术结合，神化老子，形成崇奉老子为神明的黄老道。

因此，翻九楼作为一种流传多年的道教文化活动，在法师作法的过程中，其念唱的都是一些"和为贵、忍为高、与人为善、死后超生"之类的劝人教化的道义，以祈求风调雨顺、国泰民安，期望五谷丰登、六畜兴旺。

二、极强的观赏性

翻九楼的动作难度大，危险性高。九楼仙师的腾翻，其形式与民间杂技表演相似，表演者须艺高胆大，身手灵便，腰力强健。尤其是金鸡独立、童子拜观音、老鹰扑天飞、向上磨豆腐、倒挂紫金钟、头顶头、九楼顶上舞钢叉、空中手舞流星锤和扣人心弦的溜五张等高难度动作，令人叹为观止。大家时不时情不自禁地高喊着："精彩,太精彩了!再来一个……"同时,丰富多彩的助兴活动,既有中老年深深喜爱的戏曲表演,又有中青年喜欢的精彩绝伦的杂技表演,让人们大饱眼福。

三、文化的多元性

我国是一个多民族的国家,民间艺术项目风格迥异,形式多样,具有较强的融合性。翻九楼融杂耍、竞技、舞蹈、音乐、体育为一体,在长期的发展过程中,受地域特点及人们兴趣爱好、传统习俗的影响,明显呈现出多元化的特色。在翻九楼的助兴活动中,扭秧歌、走高跷、大头舞和霸王鞭舞等都是集不同风格和不同形式于一体,既有听觉的享受又有视觉的盛宴。

观众欣赏翻九楼表演

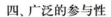

四、广泛的参与性

民间艺术活动伴随着特殊节日或者活动的开展而更具生命力，翻九楼不仅使民间艺术活动的内容更加充实，而且使很多民间活动从内容到形式都更加健康、丰富，参与活动的人群广泛，世代传承。翻九楼一般是在较为空旷的场地上举行，这也给农忙后稍闲的百姓提供了一次走亲访友、享受宗教文化娱乐的机会，大家都放下手中的活聚到一起，观看精彩的演出。这也给商家提供了商机，很多商人都选择在这时展开商业活动。除此之外，助兴活动给村中各文化团体提供了参与机会，尤其是扭秧歌和霸王鞭舞等民间娱乐活动的表演，一般是多人进行，要求舞者步伐整齐，节奏统一，动作协调，动静结合，时快时慢，有很强的群体性，给百姓带来文化享受的同时，也让人们有了参与感。

翻九楼现场的商贩

五、独特的传承性

东阳市是历史文化名城，文化底蕴深厚，拥有丰富多彩的非物质文化遗产，翻九楼即为其中一项。

所谓独特的传承性，就是指翻九楼具有被人们以集体、群体或个体方式一代接一代享用、继承或发展的性质。翻九楼的传承性是由其本质所决定的。换言之，就是我们的祖辈在长期的劳动过程中，经过一代代的积累和改进，以师徒或团体的形式流传下来，逐渐形成今天的技能或习俗，是我国劳动人民智慧的象征。因此，翻九楼没有具体的创造者，即使有，后人对前辈的技艺或习俗也已不断地加工和创新了。

而翻九楼之前没有得到过与精英文化同等的地位，有关史籍、志书也难得有记载，其传承

东阳翻九楼与横店旅游文化的结合

乐手

形式主要靠口传心授，言传身教，具有很强的口头性，很少以书面形式流传下来，在传承人手中也仅有几本手抄本。正因为它具有口头传承性，就必然有可塑性。所谓可塑性，就是可以改变的，活态的。它不像汉字那样，几百年甚至几千年不变或很少改变；更不像实物，一旦成形，亘古不变。因此，翻九楼在长期的发展过程中，有很多可以创新的地方。翻九楼的文化内涵是通过人的活动来表现的，通过人的活动来传达给受众。翻九楼的可塑性，还体现在非物质文化遗产在传承和传播过程中的变异和创新上。不管经历多少年或多少代

欢乐的乐队

人，翻九楼都不会脱离各地群众的生产和生活方式。随着时代的发展，以口头或动作方式相传并创造出新的文化内容，一代代下来，具有一定的可塑性。也就是说，它是通过人的智慧创造出来的，是一个民族、一个区域历史文化的活化石，是活态的，是在变化中不断有所创新的。

[贰]人文价值

翻九楼是人类的无形文化遗产，是古老也是鲜活的文化历史传统，它是国家、民族文化软实力的重要资源和宝库，更是民族精神、民族情感、民族历史、民族个性、民族气质、民族凝聚力和向心力的有机组成和重要表征。对翻九楼性质的认识，保护和弘扬优秀的非物质文化遗产，对建设社会主义核心价值体系具有重要的作用。

翻九楼汇集了人民的知识、智慧、精神、理想、信念、道德、伦理、情操，其内容源远流长，博大精深。当代文艺史上，民间创作是专业创作的源头活水。作为一个举世闻名的文明古国，中国非物质文化遗产的挖掘和保护，在建设社会主义核心价值体系中具有重要的作用和功能。社会主义核心价值体系是继承与创新的产物，既有民族性也有时代性；翻九楼由于其民族性、民众性、民生性，是社会主义核心价值体系建构的重要文化根基和文化资源。它既是一种民间艺术，又是非物质文化遗产，不仅具有历史价值，还具有科学研究价值、审美价值、体育价值和教育价值。

一、历史价值

翻九楼的历史传承价值是价值体系的核心价值和价值准则。它反映了民众的集体生活，长期得以流传的人类文化活动及其成果，因而具有不容忽视的历史文化价值。尤其重要的是，翻九楼以其民间的、口传的、野史的、活态的历史文化价值，弥补了正史典籍的不足、遗漏或讳饰，有助于人们更真实、更全面、更接近本原地去认识已逝的历史及文化。翻九楼中蕴藏着所属民族、民间的文化基因、精神特质，这些在长期的生产劳动和生活实践中积淀而成的民族精神，是世代相传沉积下来的民族的思想精髓和文化理念，是包括民族的价值观念、心理结构、气质情感等在内的群体意识、群体精神，是民族的灵魂、民族文化的本质和核心。

二、研究价值

科学研究价值是翻九楼价值体系的价值规范。翻九楼作为历史的产物，是对历史上不同时代生产力发展状况、科学技术发展程度、人类创造能力和认知水平原生态的保存和反映。每个民族的非物质文化中或多或少都会有一些不科学、不人道的东西，会有这样那样的陋规恶习。这些东西都该被禁止、取缔，有的随着人类文明的发展也会被创造或信奉它的人自动抛弃。但是这些东西可能存留了当时人们的思想认识水平、生活情感态度以及科技发达程度、风俗信仰禁忌等社会历史文化内容，具有一定的科学认识和研究价值。例如翻九楼中的招魂、打耗等讲究天地人和谐统一的环境理念，以形成一个人与自然和谐相处、生态优越的良性小环境、小气候，就值得我们研究和继承。因此，翻九楼本身含有科学因素和成分，具有科学研究价值。

翻九楼的研究价值主要表现在：

（1）作为历史的产物，翻九楼是对历史上不同时代生产力发展状况、科学技术发展程度、人类创造能力和认知水平的原生态的保留和反映。传承这些非物质文化遗产，是后人获取科技资料、掌握科技信息的基本方法之一。

对翻九楼过程中的文书内容或者咒语、法师的说辞等，我们也要以求实的态度对其价值予以科学认识，真正重视、利用它们的科学价值，摒弃封建迷信。

（2）翻九楼的口头文化，靠口耳相传，没有固定文本，人为性、随意性比较强，但这只是问题的一个方面。换个角度来看，就会发现口头文学可能更多地保存了历史的原状，是活态的、生动的历史。由于口头文学是在民间流传的，相对于官修史书而言，更少受官方意识形态的影响和干扰，因而就能更多地记录、存留下当时的真实状况。这就使得在某些时候口头文学比官方史书更有历史记忆价值和科学认识价值。人类的口头语言及口传文学有两个显著特征，首先是讲究具体事实、细节的可信，其次是强调高度发达的记忆能力。而且这两大特征是互为因果、相辅相成的：只有强调讲清事实原委及具体细节，保证讲述的真实性，才能达到准确记忆的目的；反过来，有了准确的、发达的记忆功能，才能保证对历史事实的准确记忆和讲述以及传承。在走访翻九楼传承人的过程中，我们收录的大多也是口头资料，正是口头文学本身的特性，以及它所用以表达的口语的特性，保证了口头文学的高度历史真实性，决定了其具有极高的科学研究价值。

（3）翻九楼的活动场所作为一种文化空间形式，也具有重要的研究价值。在联合国教科文组织对非物质文化遗产的定义中，提到了许多文化空间形式也是重要的非物质文化遗产形式之一，并指出文化空间既可定义为一个可集中举行流行和传统文化活动的场所，也可以定义为一段通常定期举行特定活动的时间，这一时间和自然空间是因时间和空间中文化表现形式的存在而存在的。这些文化空间多是在一些开放式的场所、依附于动态表演且往往有众多民众参与的文化活动或仪式行为，它们常常具有深厚的历史文化底蕴和重大学术价值、科学研究价值。总的来说，这些文化空间保留着原始文化或再生形态的古代文化，往往具有宗教的神秘感、原始文化的粗犷美和野性美，富有原始情趣，表现出原始文化的生机和神奇。因此，翻九楼作为人类历史生态链上的一环，可以说它的一种文化空间形式具有其独特的文化地位和重要的科学研究价值。

总之，翻九楼不仅本身具有较多的科学内容和因素，而且还给我们提供了极为丰富的史料和极有学术价值的资料，有助于我们从人类学、民族学、历史学、宗教学、民俗学、文学、艺术学、社会学等多种学科去进行相关的科学研究和认识活动，具有很高的科学研究价值。因此，我们要充分认识翻九楼过程中所具有的重大的、不可多得的科学研究价值，积极地去保护、传承和研究它们，从而更好地丰富人类的历史文化知识，提高人们的科学认识水平。

三、审美价值

审美价值决定着翻九楼价值体系的价值取向。翻九楼中有许多艺术创造，其艺术技巧、艺术形式能深深打动人们的心灵，通过翻九楼的艺术表演，我们可以形象地感受到先人的生存状态和生活方式，以及他们的思想与情感。同时，翻九楼中有不少的艺术创作素材，可以为新的创作提供源泉，很好地发挥了非物质文化遗产的审美再造功能。如：有的影视作品将翻九楼的表演形式作为民间艺术引入，高空舞蹈者也借鉴了翻九楼中的高难度动作等。

翻九楼精彩、刺激的攀爬表演，特别是金鸡独立、九楼顶上舞钢叉、童子拜观音、向上磨豆腐、老鹰扑天飞、倒挂紫金钟、头顶头、空中手舞流星锤和扣人心弦的溜五张等高难度动作令人赞叹不已，而夜演剧目《孟姜女哭长城》具有动作节奏感强、表现程式轻柔、注重传达人物情感等特点；助兴的扭秧歌、霸王鞭舞等，以独特的舞姿、强烈的动感、美妙的音乐、快慢自如的节奏、色彩缤纷的服饰组成了美丽动人的画面；踩高跷动作刚毅简明，器械简单，以竞技性的旋转作为表演的高潮，其高难度的技艺极具表演性和观赏性；这些节目时而豪迈洒脱，时而轻柔动人，给人们带来了极大的享受。

在翻九楼中，不仅口头文学、民间文学、表演艺术有审美价值，就连其中的民族民间文化、社会习俗、服饰织染、红白礼仪等也普遍涉及美的内容，具有重要的审美价值。

四、体育价值

翻九楼在民间流传已久，但由于没有得到很好的挖掘和开发，流传范围有限。随着改革开放与中外文化艺术交流的增加，近年来，翻九楼的内容与形式随着社会的发展而发生变化，经传承者的挖掘整理和不断创新，表演技巧和艺术性等方面都有较大的突破，令人耳目一新。翻九楼在经历了由宗教活动向民俗活动过渡的历史时期后，同样也完成了职能的根本转变，体现了不同层次和需求的体育价值取向。其主要价值表现为：一、完成了从一个自然人向社会人的真正转变，通过与他人的协作配合而充分体会到了群体的价值和协作的重要性。二、促进个体的身心健康，参与者是通过竞争对抗而实现了个性的觉醒和张扬，增强了自我肯定。通过体能的释放而获得了身体和精神的充分满足与享受，强化了生命机体功能。总之，通过这种身体活动方式，使参与者获得了娱乐和健康，获得了人际交往、融入群体、融入社会的充分满足，促进了人更健全的发展。通过深入开展这一传统体育竞技项目，不仅能有效地促进经济欠发达地区主动冲破封闭，增进社会交流，并且通过各种体育方式获得自尊自信、积极努力、协同合作、追求成功等具有时代特征的情感体验，加速实现思想观念的现代化。

五、教育价值

翻九楼是道教文化活动之一，其念唱的都是一些"与人为善、死后超生"之类劝人教化的道义，祈望风调雨顺、国泰民安，这无形中体现了一种教育价值。

道教认为神仙是确实存在的，而且不是遥不可及的，人通过修道，返本还原，与道合一，就能成为神仙。道教精心创建了一个庞大的神仙谱系，竭力向人们证实神仙虽然幽隐，但并不是不存在的，引导人们相信"仙化可得"。

翻九楼体现了道教徒为了得道求道，自觉抛弃人世间的一切物质享受和功名利禄，甘于恬淡素朴的生活，安贫乐道，刻苦磨炼，主动忍受一般人难以忍受的痛苦和折磨。这种传统长期传播于社会，为帮助青少年一代树立正确的人生观、世界观和价值观起到了一定的教育作用。

传承与保护

钱小占、楼玉龙等九楼师傅翻九楼的技艺水平虽然很高，但由于种种原因，翻九楼技艺还是落到了濒危的地步。近年来，为抢救与保护这一国家级非物质文化遗产，传承东阳、萧山翻九楼，当地政府及文化部门做了大量的工作。

传承与保护

[壹]传承谱系

萧山翻九楼技艺，历史上一直是父传子。20世纪60年代"文化大革命"以前，萧山翻九楼非常盛行，亲人因水、火、刀、自缢、分娩而非正常死亡，家人大多以翻九楼来超度。当时，萧山以翻九楼为业的有进化镇、临浦镇、浦阳镇、所前镇的沈乾生等四五人，他们都是家父所传，说明他们家的上辈全都从事这一行业，但除沈乾生外，传承谱系已无从查考。沈乾生家传谱系有记载的已有一百五十余年历史。

沈乾生，翻九楼高人。五十五岁最后一次翻九楼，九十二岁时相中钱小占，破例收为爱徒，2003年九十四岁时走仙桥后谢世。沈乾生的爷爷沈浚文以前，因无传承记载，已无法查证。从沈浚文开始的传承谱系为：

第一代：沈浚文（1846—1930），男，萧山所前镇池头村人。以翻九楼、做道场为生，生有一男两女。儿子沈和甫继承父业，成为翻九楼的传人。其时沈氏道士班在当地颇有影响，方圆数十里的几十个村子，皆请沈氏道士班出场。沈氏道士班不仅道场做得好，更主要的是会翻九楼。当时做道场的道士班不少，但同时能翻九楼的寥寥无几。沈氏道士班在萧山东南地区一带有不少门眷。据老辈人讲，在一定区域内，凡做道场的均由沈氏道士班包下来，这种长期固定的"业务范围"里的村子或人家就称为"门眷"。沈氏道士班门眷多，所以生意一直很好。

第二代：沈和甫（1880—1960），男，萧山所前镇池头沈村人。在父亲沈浚文的指导下学习翻九楼，几年后，跟随父亲一起到周边村落进行翻九楼表演。沈和甫生有两男一女，长子沈炬生学的是文场，以做道士为主；次子沈乾生习武，以翻九楼为主。父子三人通常一起出门为邻近乡村亡故者超度。沈和甫上了年纪后，由小儿子沈乾生接班翻九楼。沈乾生聪明好学，身体素质绝佳，非常适合翻九楼，很快他的技艺超过了父亲，方圆百里皆有名气。

第三代：沈乾生（1903—1995），男，萧山所前镇池头沈村人。他从小与兄长沈炬生一起在私塾读书，有一定的文化，是萧山乃至杭州地区赫赫有名的翻九楼高人，远远近近都喜欢请他去翻九楼。所生一子四女，儿子沈柏楚十二岁就开始跟他学习做道士，因为是独子，初学翻九楼时，担心赤手空

沈乾生

沈乾生使用的祖上传下来的翻九楼叠桌已有上百年历史

拳毫无保险,危险性较大,在其母亲的阻拦下没有学成。

　　沈柏楚有两个儿子,长子沈玉海,次子沈玉明。兄弟俩从小也曾跟随爷爷学习翻九楼,弟弟玉明比哥哥学得更多一些,眼看即将学成,不料在一次练习中不慎摔落,在家人的反对下,哥俩没再继续学习,不得不放弃祖业。两个孙子学习翻九楼半途而废,一直是沈乾生老人的心结。尽管他总是带着儿子、孙子四人一起出门去做生意,但翻九楼这活还得靠他老人家一人独撑,无子嗣传承。幸好沈乾生身体出奇的健旺,五十开外的人还在九楼台上翻上翻下,轻影如燕。五十五岁最后一次翻九楼后,他仍带儿孙出门,直到九十四岁表演走仙桥后谢世。

　　儿子沈柏楚眼看父亲这门技艺就要失传了，心里很不是滋味。他苦心劝说，要父亲打破传内不传外的陈年老规，在外面好好物色个徒弟。沈乾生也担心着这个问题，苦于没有好苗子，招不到满意的接班人。所幸的是，在沈乾生九十二岁那年相中了钱小占，破例收为爱徒，这使他非常开心和满意，终于了却了一桩心愿，将这祖传的绝活传承了下去。

　　第四代：钱小占（1969—　），男，萧山浦阳镇尖山村人。浙江省非物质文化遗产代表性传承人。他从小生性好动，特别喜欢攀爬。母亲生有三男四女，他最小，两三岁时就会一骨碌爬到父亲肩头，骑上父亲脖子，稍长大点时，攀爬劲就更大了，功夫也越来越好。院子里那棵两层楼高的法国梧桐，便是他练习爬高的第一件工具。只见他猴子一般手脚并用，一下就坐在树杈上了，每天总得上下好几回。院外是一条清澈的小河，河上有一座石拱小桥，小桥两边的

钱小占

钱小占小时候攀爬的法国梧桐

钱小占父子练功用的自制吊环

石栏杆十来厘米宽，小占就来来回回走桥栏，他就像是体操运动员练平衡木。走稳了，来回动作利索了，他就开始练倒挂双脚钩住石栏，胸脯紧贴桥侧，双臂慢慢张开。每一次，他总在心里数数，一次比一次延长时间。直到有一天，做道士的自门阿公发现小占有擅长攀爬、倒挂，不畏高的本领，便点拨他去学习翻九楼。

后来，阿公找到在萧山乃至杭州地区赫赫有名的翻九楼高人沈乾生，钱小占便随阿公登门拜师。因翻九楼有传内不传外，传男不传女的规矩，一时间师傅还不肯收徒，但看过钱小占的功夫劲后，九十二岁高龄的沈乾生师傅破例收下了他为关门弟子，并从内屋柜子里拿出一本发黄的线装书郑重地交给他："这本《科仪》，已经在我家传了几代了，现在传给你，相信你一定能学好的！"师傅的一番鼓励令钱小占高兴极了，向师傅深深鞠躬致谢。此后，他更加勤奋地练习，没多久便能翻上几张八仙桌。沈乾生对这个徒弟非常满意，庆幸这行当总算后继有人，且断定小占将来的功夫必在自己之上。

一年以后，从头到尾的技术要领已经烂熟于心，各个动作已经非常熟练，小占征求师傅意见后，开始接受邀请外出正式演出。第一次出演就遇上雨天，在湘湖边的菊花山下，为超度一个溺水的亡者。翻九楼有一条规矩，东家不改期，就是天下铁也得上。搭好的九楼台在风雨中显得格外高险和阴沉，钱小占十分镇定，稳稳地翻上了最高一张桌了，并在顶层的叠桌上成功表演整套动作。坐在下面观望的师傅对他竖起了大拇指："好！好！我放心了。"当时，师傅就说，在他见过的所有翻九楼的人中，数小占翻得最好。从此，钱小占铁了心要成为这一行的传人。

钱小占翻九楼技艺之高，是行内外公认的。他的技术动作难度高，且做得稳健、到位、漂亮。不仅如此，他还有自己的独到之处，即在翻八仙桌时，别人都是两手抓住桌档往上翻，而他是以两手掌搭在桌面上翻的，这就增加了难度，特别是雨天桌面湿滑，小占依然轻捷而上。当初练习时，师傅就不主张他这么做，说这样太危险，后

翻九楼

来看他练得很好，也就同意了。沈乾生师傅名气很大，但也不会这么翻，真可谓"青出于蓝而胜于蓝"。另外，顶端叠桌上的表演技术含量更高，观赏性更强，最为惊心动魄。有些动作也是他的独创，同行中能做的唯他一人。可以说，钱小占的表演技巧已经到了炉火纯青的境界。

钱飞占

钱飞占（1956— ），男，萧山浦阳镇尖山村人，钱小占的长兄。因家境贫困，上小学时他就辍学了，跟着父母泡在田里帮工挣钱。成年以后，去新安江水库附近挑煤渣，改革开放分田到户后才回家乡继续务农。随着形势的发展，钱飞占尝试着跟包工头到工地干活，他干的是模板工，直至今日工地上还能见到他的身影。那年，弟弟钱小占正式出门翻九楼，需要一个助手。小占首先想到了飞占。哥哥身体强壮，又吃苦耐劳，平常做事细心、可靠，加之是自家兄弟，再合适不过了。小占与哥哥一说，哥哥就同意了。每次出去表演，兄弟俩总是配合默契，表演前一起准备场地搭建九楼台，表演时又一起完成各路惊险动作。虽说是助手，但也必须有一把子功夫。在十多米高的九楼台上，钱飞占就像一个坚实的底座，任凭弟弟小占在他的头顶、肩上、背部、腿上、脚底甚至腹部表演各种倒立动作。这样的助手钱飞占一做就是二十多年。

第五代：钱栋亮，钱小占之子，萧山区浦阳镇尖山村人。2011年，正式拜父为师学习翻九楼表演技艺。

以上谱系中所述的从艺时间，是指独立门户进行翻九楼表演的时间，不包括学习和跟随师

钱栋亮在父亲钱小占的指导下学习翻九楼技艺

傅表演的时间，也就是说，实际进行翻九楼技艺学习或表演的时间应该还要早。

此谱系说明，即使从沈乾生的爷爷沈浚文开始翻九楼起算，萧山翻九楼距今已有一百五十余年的历史了。事实上，它的历史更为久远，只是查无记载罢了。

东阳翻九楼的历史可追溯的主要在佐村镇西营村。传承谱系主

要是：

  罗喜师（1863—1937），男，磐安人。一生从事山人工作，大到庙宇开光，小到农家丧事、祭猪福等，远村近邻的人每逢家中需要请人做法事，都会请他来主持。他从小家庭生活条件较差，又善于吹拉弹唱，当时西营村的一位绅士见他这么能干，就把他从磐安请到西营村，并分给他田地，安排他住在庵堂里，使他安心为村里人办事。由于住庵堂，与同住庵堂的蒋生川母子相识，见蒋聪明，遂认蒋为干儿子，传教其翻九楼的整套程序。

  蒋生川（1913— ），男，东阳市佐村镇西营村人。原是湖溪人，三岁时就没了爹，后来跟母亲改嫁到西营村。因家中穷苦，借住在村内的庵堂中，所以他从小就对和尚、道士的法事有所了解。十一岁

蒋生川

时，蒋生川的母亲让他跟磐安来的罗喜师学习翻九楼。那时罗喜师已经六十多岁了，见他聪明伶俐，记性和悟性都不错，就把他认作干儿子，悉数教他翻九楼的整套程序。也就是从那年开始，师傅让他学做翻九楼中的指挥官——主念法师。从十一岁开始，蒋生川从艺整整七十年。他不仅会吹拉弹唱，而且巫官、仙师均

会，是东阳唯一的样样精通的道教施仪法师，在全省也屈指可数。

受政治运动的影响，蒋生川的儿子蒋赛云一度对父亲的职业有抵触情绪。为此，蒋生川很担心自己的看家本领失传，因翻九楼少不了主念法师的施仪，否则就如军队失去了指挥。万幸的是，由于前些年国家民族宗教政策和市文化部门不断来人来信，向蒋生川咨询翻九楼的道教文化内涵，因而逐步改变了蒋赛云的看法，他终于接过了父亲的衣钵，这让蒋生川颇为欣慰。

楼明火，男，东阳市佐村镇西营村人。家境贫穷。一次，他在看了本村表演的翻九楼之后，知道翻九楼的法师能够赚取不少的钱，为帮父母减轻家庭负担，便立志要跟翻九楼的师傅蒋生川学习技艺。经过一番勤学苦练，没过多久他就学会了师傅的整套技艺，很快就跟着师傅到处表演。

楼玉龙（1961— ），男，东阳市佐村镇西营村人。浙江省非物质文化遗产项目翻九楼代表性传承人。他家境困难，从五岁开始学习武术，十七岁高中毕业后服役，退伍后回到农村。二十二岁后，正式跟从楼明火学翻九楼。学艺期间，他勤奋好学，吃苦耐劳，善于钻

楼玉龙

研，深得师傅楼明火的喜爱，很快就学会了翻九楼的整套才艺。1984
年，他在本村进行首场表演。由于他当过兵，练就一身耐力，身手灵
巧，又加上年轻力壮，首场演出就得到师傅和观众的首肯。以后跟
随师傅在东阳、永康、磐安、义乌、新昌、嵊州等地演出，2004年其
师傅因病不能出场，楼玉龙就自立门户，组织一批人马，独立从事翻
九楼活动。但因为其家境贫寒，翻九楼活动也不是经常有，靠此无
法维持生计。因此他除了翻九楼外，平时还须务农，近几年在义乌经
商。如今年过半百，体力和灵活度已大不如前，手下又没有跟他学习
翻九楼的徒弟，常自叹这门手艺传承无人。

楼有龙（1964—　 ），男，东阳市佐村镇西营村人。务农，师从
哥哥楼玉龙。因家境贫寒，家庭负担很重，跟从哥哥学习了翻九楼
这一绝活。他经常目睹哥哥精彩的演出，心里暗暗佩服哥哥这一高
超的本领，也渐渐喜欢上了翻九
楼这一项目。于是，他便央求哥哥
教他。刚开始哥哥还有点犹豫，因
为他深知翻九楼这一项目危险性
较大，对体力要求高，不希望弟弟
跟他一样辛苦。楼有龙见哥哥不
答应，便自己偷偷学习翻九楼的动
作。由于没有掌握翻爬的技巧，一

楼有龙

次，他不小心从桌上摔下来伤了腰。哥哥见弟弟这么坚定地要学习翻九楼，便把自己的本领悉数教给了弟弟。楼有龙也没有令哥哥失望，经过长期勤学苦练，他的技巧也越来越娴熟，艺高胆大的他甚至还在摸索的过程中自创了一些惊险、刺激的动作。

厉宝余，男，东阳市三单乡钱溪村人。金华市非物质文化遗产项目翻九楼代表性传承人。他并非土生土长的钱溪人，系从佐村镇西营村入赘而至。二十七岁那年，迫于生计的厉宝余拜入蒋生川门下，成了他唯一的弟子。蒋生川是主持整个翻九楼活动的施仪主念道士，虽然没有亲自翻九楼，但他对翻九楼的技艺了如指掌。经他悉心调教，厉宝余很快就掌握了翻九楼技艺。为了训练厉宝余的平衡能力，蒋生川经常在地上竖一根碗口粗的松木，米把高，让他站在上面做各种动作，倒立啊滚又啊流星啊，一个动作持续十几分钟。好在厉余宝从小就顽皮大胆，翻筋斗很厉害，一年左右就能跟着师傅表演了。后来，厉宝余收了钱溪村村民曹永强为徒。后蒋生川结束了山人生涯，回家颐养天年，他的儿子蒋赛云接过了其施仪的衣钵，于是厉宝余又和蒋赛云成了搭档，一个在地面指挥，一个在半空翻腾，配合默契。

[贰]濒危状况

萧山翻九楼主要流传于湖畈地区。位于钱塘江南岸的萧山，属萧绍平原。南部为山区或半山区，东部为钱塘江滩涂围垦的沙地区，

萧山区浦阳镇

中部是水系充沛的湖畈地区。这里土地肥沃，水网密布，先民居住
历史久远。这片东至衙前镇，西至滨江区西兴、长河，北至北塘河，
南至浦阳江，以萧山老县城为中心的水网地带，萧山人俗称为"里
畈"。生活在里畈的居民称"里畈人"，形成的乡风民俗和方言代表
了里畈文化。里畈文化还辐射到浦阳江畔东南丘陵地带的进化、所
前、浦阳，甚至临浦、义桥、闻堰等镇。翻九楼初时就流行在这一片
土地上，并且每个镇都有自己的翻九楼师傅。后来因艺人辞世而无
传人，多地不再有翻九楼表演者，流传范围缩小到所前、浦阳两镇，
延续至今的现在只有浦阳镇了。

　　东阳翻九楼主要分布在东阳市佐村镇西营村一带，区域极为狭

东阳翻九楼主要分布在被九峰山环围的佐村镇西营村一带

窄，地处浙江中部。被九峰山环围的西营原为西营乡政府所在地，后撤乡建制，并入佐村镇，是东阳市最东南的一个山村，与磐安县玉山镇接壤，离东阳城区53千米，（东阳）上（村）（磐安）岭（口）线从村旁经过，是唯一能和外界沟通的交通要道。全村四百零一户一千一百三十五人，生活穷苦，道教成了他们的精神依托，故小小的西营村就有以道教施仪为生的道士（俗称"山人"）和专事翻九楼的仙师两班人马。其中翻九楼是他们闻名邻近几县的拿手好戏。

翻九楼因为是一种道教施仪形式，注定了它是多灾多难的。新中国成立后，它作为迷信被禁锢，但还是有人在暗地里搞。"文化大革命"中被禁绝，改革开放后得以恢复，但元气已大伤。至20世纪70

年代，翻九楼在许多地方已经消失，在萧山、东阳乃至全浙江省范围内，还能操作这门技艺的人已寥寥无几。

如今，翻九楼无论在萧山还是东阳均已濒临失传，其原因主要有以下几个方面：

第一，"传内不传外，传男不传女"的铁定行规极难打破，而且孩子是否愿意接班、能否接班，全都是未知数，即使愿学，身体条件差也还是不行。

第二，九楼腾翻全凭腰力强健、身手灵便。东阳西营的两个九楼仙师都已上了岁数。一个带伤生病，根本不可能再翻；一个在外经商，久不锻炼，且都没有传人。九楼仙师是活动的主持者，必须头脑灵活、随机应变、口齿伶俐，多年的耽搁加上年岁的增长，已记忆力衰退，耳背眼花，口齿不清，根本不能胜任表演。据了解，至今还在操作这门技艺的只有萧山翻九楼传人钱小占一人了。他虽然已经正式收儿子栋亮为徒，但栋亮还在读书，学业负担较重，还不能全身心学习翻九楼。

因翻九楼这项不系安全带的高空表演危险系数较大，收入又不固定，未来市场很难预测，所以现在已无人愿学。

第三，乐手的传承也成问题。该项目表演必须有音乐伴奏，以音乐制造现场的气氛，其中司鼓和号手的作用尤大。司鼓是全场的指挥，高空表演者全按鼓点表演动作。而现在的司鼓则是倒过来按高空表演者手示来敲鼓了，这在很大程度上破坏了高空表演动作的连贯性，削弱了正常表演的艺术效果。阴森森的现场氛围主要来自号声，所以，培养好的乐手，特别是培养能指挥整场演出的司鼓和优秀号手，实乃当务之急。

另外，翻九楼虽说是传统的体育项目，但又是一种冥文化活动，带有一定的迷信色彩，媒体在宣传报道时或多或少会回避一些祭祀等仪式的有关细节，从而影响了该项目宣传的整体性和传承保护的延续性。因此，政府的保护力度受到限制，保护经费紧缺，在服装、道具和传承人表演上，资金投入少，民间表演团队组建既缺乏资金又缺少专业人士，完整的表演团队组建困难重重。随着时代的发展变化，信教之人渐少，喜好之人渐少，生存空间渐小。

[叁]保护措施

钱小占、楼玉龙等九楼师傅翻九楼的技艺虽然很高，但由于种种原因，翻九楼技艺还是落到了濒危的地步。近年来，为抢救与保护这一国家级非物质文化遗产，传承东阳、萧山翻九楼技艺，当地政府及文化部门做了大量的工作。

一、萧山方面的抢救和保护措施

1.下拨专项资金，落实保护措施。

2008年6月萧山翻九楼被列入国家级非物质文化遗产名录以后，萧山区随即制定了《"十二五"（2011—2015）时期翻九楼保护规划书》，规划对翻九楼的表演形式、表演动作、表演过程以及器具、音乐等进行适当改变，使它成为具有更高观赏性、娱乐性的纯杂技节目，制定并具体落实了有关保护措施。萧山区委宣传部、区文化广电新闻出版局下拨了"非遗"项目翻九楼专项补助资金，同时与杭州桃花源度假村进行协商对接，落实翻九楼的展示场所和培训基地，以保障该项目的正常活动和传承的持续性。

2011年7月11日，萧山区文广新局下发了《关于开展第一批萧山非物质文化遗产代表性传承人申报工作的通知》，浦阳镇为钱小占申报萧山区翻九楼项目代表性传承人；7月27日，根据浙江省文化厅通知精神，区文广新局又为他申报第四批国家级非物质文化遗产项目代表性传承人；10月，邀请他参加在跨湖桥遗址博物馆举行的萧山区第二届非物质文化遗产展示暨研讨会；12月，发文正式认定钱小占为第一批萧山区非物质文化遗产翻九楼项目代表性传承人。

浦阳镇党委、政府对此也非常重视，认为翻九楼是江南历史文化的活化石，更是浦阳历史文化底蕴的重要组成部分，多次召开专题会议研究部署，成立了以镇长为组长的非物质文化遗产保护工作领导小组，抽调人员组成工作班子，制订了项目保护规划，下拨了申报工作启动和传承保护资金，并出台了有关激励政策。

2. 加强舆论宣传，扩大社会影响。

自1998年开始，中央电视台、上海卫视以及杭州《都市快报》、

《萧山日报》等媒体，都对萧山翻九楼项目进行了宣传报道。

1998年3月，钱小占应上海卫视"中国电视吉尼斯"栏目邀请，专程到绍兴进行表演，翻至十六层高，获该栏目摄制组所赠锦旗一面，上书"翻九楼翻上十六层惊险奇绝，入荧屏传遍五大洲天下闻名"。随即香港《华夏掠影》杂志对他进行了

上海卫视"中国电视吉尼斯"摄制组赠予钱小占的锦旗

中央电视台全程拍摄翻九楼项目表演

中央电视台采访传承人钱小占

中央电视台拍摄萧山翻九楼项目现场

采访，编发了专题。2009年11月，台湾年代电视台"台湾人在大陆"栏目对钱小占做了报道。2010年3月，中央电视台十套"百科探秘"栏目专程来到萧山，拍摄翻九楼项目表演全过程。经过几天的拍摄，专题片《翻九楼传奇》于2010年7月18日在中央电视台十套"百科探秘"栏目播出，全面、客观地介绍了翻九楼的前世今生，以及钱小占的翻九楼绝技。电视播出以后，进一步扩大了萧山翻九楼项目的社会影响，钱小占的知名度也越来越高。在中央电视台对钱小占采访拍摄期间，浙江卫视钱江频道、绍兴电视台、杭州《都市快报》等都同步进行了报道。2010年2月和2012年10月，钱小占又应邀分别在萧山区文化中心、萧山湘湖跨湖桥遗址博物馆进行表演技艺展示和学术研讨活动，其间《萧山日报》多次以较大篇幅为他编发通讯和整版照片。2012年，萧山网又为翻九楼做了专题节目，钱小占做客萧山网，现场为广大观众介绍翻九楼表演。

随着媒体的陆续加入，宣传力度不断加大，知道钱小占的人越来越多，他的名气越来越大，邀请他表演的人也越来越多。

翻九楼，这个充满传奇和神秘色彩的行业，慢慢地被大众了解和认识，钱小占也因此成为一位充满传奇色彩的人物。

3. 广泛搜索资料，纳入乡土教材。

配合各大媒体对钱小占的采访、录像，萧山区非物质文化遗产保护中心与浦阳镇政府密切合作，组织人员多方面搜集和整理翻九

诗画浦阳

萧山区浦阳镇小梭本课程开发组

浦阳镇小学教材

楼的历史起源、传说故事、表演形式、传承脉络等有关文字和音像
资料，并分类归档。为使下一代了解家乡这一民俗文化瑰宝，浦阳镇
中心小学将它编成了乡土教材排入课程，邀请钱小占与学生进行交
流，对学生讲什么是国家非物质文化遗产、怎样进行保护，并以自己
学习翻九楼的过程和体会告诉学生必须不怕吃苦、持之以恒才能成
功，才能实现自己的梦想，引起了学生们的极大兴趣。

政府的支持和领导的关心，使钱小占深受鼓舞，打消了原先的
一些顾虑，更加坚定了从事这一行业和延续传承的信心。

4.专家领衔保护，集体拜师收徒。

钱小占还在上初中的儿子钱栋亮也是自小喜欢攀爬，时隔二十
多年，院子里的那棵梧桐树默默地起到了传承作用，成为父子俩练习
攀爬的好工具。只要一有空，钱栋亮就会爬上梧桐树。年复一年，儿

杭州市第一批非物质文化遗产师徒传承工程集体拜师仪式，左一为钱小占（前）、钱栋亮（后）父子

子也像父亲钱小占小时候一样，在树上爬上爬下成了家常便饭。

　　钱小占正考虑着是否让儿子接班的时候，杭州市文化广电新闻出版局、杭州市非物质文化遗产保护中心联合实施了一项重大工程，即"杭州市第一批专家领衔'非遗'项目保护工程暨杭州市第一批'非遗'师徒传承工程"，于2011年11月23日在杭州孔庙举行集体拜师仪式。征得妻子同意后，钱小占决定收儿子为徒。那天，父子俩参加了师徒传承工程启动仪式，仪式上师徒各站成一排相对而立，师傅面向观众。根据主持人宣讲的程序，徒弟向师傅行鞠躬礼，然后向师傅敬茶，最后向师傅呈上契约，礼成后合影留念。至此，钱小占父子正式成为师徒。杭州师范大学徐金尧教授在仪式上签约成为

杭州师范大学徐金尧教授（右）在仪式上签约

翻九楼项目的领衔专家。

正式拜师后，父亲钱小占教得更细心，儿子钱栋亮的练习有了明确目标，也更加刻苦。从此，萧山的国家级非物质文化遗产项目翻九楼后继有人了。

5. 利用社会资源，建立传承基地。

在钱小占的家乡杭州市萧山区浦阳镇，山清水秀，风光旖旎，有"诗画桃源，人居浦阳"之誉。镇内的太平山麓有建于唐贞元三年（787年）的宝禅寺（后更名为"大方庵"）、位于横塘倪自然村的春秋战国窑址、秀山中早于杭州灵隐寺的灵山寺和见证兴衰的清代民

位于萧山区浦阳镇的冥文化园正在建设中

宅。其桃花源度假村，是萧山的旅游景点，有中国首个桃花水母自然
保护区，同时也是我国最大的桃花水母活体群集区，现在正在筹建
冥文化园。为了让更多的人了解浦阳这一历史文化瑰宝，欣赏到钱小
占精彩的表演技巧，文化园内将建立翻九楼项目的传承基地。这一
基地的建成，将是翻九楼项目传承保护的福音，也是钱小占施展高
超技艺的最佳场所。

二、东阳方面的抢救和保护措施

近年来，随着东阳市非物质文化遗产保护工作的进一步展开，
东阳市制订了"十一五"非物质文化遗产保护规划，依据"保护为

浙江电视台公共·新农村频道记者采访表演者

主、抢救第一、合理利用、传承发展"的方针,扎实推进工作,健全各级非物质文化遗产保护体系,广泛开展具有地方特色的非物质文化遗产展示交流活动,争创非物质文化遗产精品项目,因此,东阳非物质文化遗产保护工作取得了很好的成绩,翻九楼这一传统项目在逐渐被专家及社会大众所知晓。2006年,翻九楼项目列入东阳市第一批非物质文化遗产;同年,楼玉龙被认定为东阳市首批非物质文化遗产项目翻九楼代表性传承人。

为了让翻九楼项目在民间广为流传,非物质文化遗产保护工作者做了大量的工作。

(1)近年来,翻九楼项目组在东阳、永康、磐安、义乌、新昌、

绍兴市文化广电新闻出版局组织人员参观东阳翻九楼传承基地

嵊州等地演出数场。

（2）2006年9月，东阳市文化广电新闻出版局举办东阳市民间艺术人展演，专为翻九楼划出表演区并拨付专项经费，翻九楼项目获"东阳市'中天杯'民间艺术大展演"优秀奖，其间还拍摄、录制了影像资料。

（3）翻九楼在各地的演出受到《东阳日报》、《金华日报》、东阳电视台、浙江电视台公共·新农村频道等媒体的关注，纷纷予以报道。

（4）翻九楼活动所有的服饰、道具，在市博物馆内收藏展出。

（5）楼玉龙被认定为东阳市首批非物质文化遗产项目翻九楼

代表性产传承人。

（6）在第二个"文化遗产日"公布代表性传承人楼玉龙为市级民间艺术家。

（7）2007年，翻九楼被文化部批准为国家级非物质文化遗产项目。

（8）国家级非物质文化遗产项目翻九楼传承保护基地，2008年落户在横店明清民居博览城。作为代表性传承人之一，楼玉龙在保护翻九楼项目方面做出了最大的努力，为传承基地培训了十名翻九楼的青年，学员最小的二十一岁，最大的二十六岁，来自全国各地，楼玉龙师傅教了半年，学员已从单人翻和双人翻发展为多人翻。

（9）2010年，东阳市非物质文化遗产保护中心进一步加强了"非遗"基地建设的指导工作。5月，翻九楼项目传承保护基地所在的横店明清民居博览城被评为浙江省非物质文化遗产旅游经典景区，这个称号全省只有十个，是传承人和非物质文化遗产保护指导组共同努力的成果。传承基地一般一天开展两场翻九楼活动，游客多时还安排加场。为了更好地展示其娱乐竞技性的特征，翻九楼结合了当地的一些民族民间活动如滚狮子、叠罗汉等，渐渐地，已经形成品牌活动，每天观看人数达到上千人。

（10）经历三年时间的调查，形成较为详细的文本资料。经过近十年的跟踪拍摄，掌握了较多的图片资料。

符官打水耗

（11）近年来，在东阳市非物质文化遗产保护中心的关心和指导下，楼玉龙和厉宝余分别组建了两支翻九楼演出队伍，在以东阳为中心的周边县、市不间断地演出，使濒危的翻九楼技艺得以传承。

参考文献

1. 龚明伟：《汉宁遗韵——东阳市非物质文化遗产集萃》，浙江摄影出版社，2011年。

2. 陈国灿、奚建华：《浙江古代城镇史》，安徽大学出版社，2003年。

3. 北京市文物研究所：《北京历史文化论丛》（第四辑），上海古籍出版社，2010年。

4. 周菁：《中国历史文化通览》，北京研究出版社，2010年。

5. 王弼注，楼宇烈校释：《老子道德经注校释——新编诸子集成》，中华书局，2008年。

6. 卿希泰：《道教文化在中国传统文化中的地位及其现代价值》，《湖南大学学报》2006年。

7. 李刚：《中国道教文化》，长春出版社，2011年。

8. 徐宏图：《日翻九楼，夜演孟姜——绍兴孟姜戏初探》，《绍兴文理学院学报》2003年。

9. 许长荣、石颖川：《最美丽的民俗与中国文化》，新世界出版社，2008年。

10. 唐家路：《民间艺术的文化生态论》，清华大学出版社，2006年。

11. 吴光正：《中国古代小说的原型与母题》，社会科学文献出版社，2002年。

12. 《中国民族民间器乐曲集成·浙江卷》，1994年。

13. 《道教大辞典》，浙江古籍出版社，1987年。

后记

国家级非物质文化遗产项目翻九楼列入"浙江省非物质文化遗产代表作丛书",可喜可贺。这一源于一个美丽而悲壮的民间传说的项目,有着它独特的神秘性和民俗性。尤其是它与道教文化的关联和融合,以及呈现的状态与表演形式,往往会使人将它归于迷信,误解它的存在和价值。这次《翻九楼》的编写及出版,是真实、客观地介绍翻九楼这个传统体育项目的民间习俗、文化、信仰等内涵的最好机会。

2008年6月,由东阳、萧山两地联合申报的非物质文化遗产项目翻九楼被列入第二批国家级非物质文化遗产名录。2009年9月,浙江省文化厅发文编纂出版"浙江省非物质文化遗产代表作丛书",要求萧山、东阳两地合作做好《翻九楼》一书的编撰工作。2010年5月,萧山区"非遗"中心组织本区翻九楼项目的有关人员及传承人一行专程赴东阳商讨编撰事宜,后因多种原因未能及时进行。直到2013年初,两地成立编写小组,确定编写人员,东阳方面由龚明伟、厉小兰担任,萧山方面由沈璧、金阿根、夏雪勤担任。双方作者通过实地走访、现场观摩、资料查找等方法，搜集了大量第一手材料，又经分析归纳、考证核实后进行编写，于2014年2月完成两地初稿的合并统稿工作。

在撰写过程中，我们参考和引用了相关书籍与文章，特别是徐宏图教授的《日翻九楼，夜演孟姜——绍兴孟姜戏初探》一文。同时，得到了审稿专家徐金尧教授的指导和两地文化广电新闻出版局领导的重视与支持，以及萧山翻九楼项目所在地浦阳镇文化站许东平站长、桃花源度假村朱英梅副总的支持和帮助，在此一并谨表谢意。

历时四年，本书即将付梓，我们又喜又忧。喜的是《翻九楼》要与读者见面了；忧的是本书涉及的内容非常广泛，有些鲜为人知，有些特别专业，涵盖民俗、宗教、文化等领域，尽管在编写过程中十分谨慎小心，也难免存在失误，恳切希望读者予以包涵和指正。

作者

2014年9月18日

责任编辑：唐念慈

装帧设计：任惠安

责任校对：王　莉

责任印制：朱圣学

装帧顾问：张　望

摄　　影：夏雪勤　龚明伟　许东平
　　　　　厉剑飞　丁　力　吴云飞

图书在版编目（ＣＩＰ）数据

翻九楼 / 厉小兰等编著. -- 杭州 : 浙江摄影出版
社, 2014.11（2023.1重印）
　（浙江省非物质文化遗产代表作丛书 / 金兴盛主编）
　ISBN 978-7-5514-0734-2

　Ⅰ. ①翻… Ⅱ. ①厉… Ⅲ. ①风俗习惯—介绍—浙江
省 Ⅳ. ①K892.455

中国版本图书馆CIP数据核字（2014）第223617号

翻九楼

厉小兰　夏雪勤　金阿根　沈　璧　龚明伟　编著

全国百佳图书出版单位
浙江摄影出版社出版发行
　　　地址：杭州市体育场路347号
　　　邮编：310006
　　　网址：www.photo.zjcb.com
制版：浙江新华图文制作有限公司
印刷：廊坊市印艺阁数字科技有限公司
开本：960mm×1270mm　1/32
印张：6
2014年11月第1版　　2023年1月第2次印刷
ISBN 978-7-5514-0734-2
定价：48.00元